Kanji Kakitai !

Cahier d'activités et d'écriture

Palier 1 - 145 kanji

漢字書きたい！

Lionel Seelenbinder-Mérand & Junko Miura
Agrégés de langue et civilisation japonaises

ellipses

Remerciements

Ce travail a bénéficié des nombreux conseils et des chaleureux encouragements de collègues et amis auxquels les auteurs souhaitent exprimer ici sincèrement toute leur reconnaissance : en particulier, Nadine Nervi et Tomohito Nakagami.

ISBN 978-2-7298-8273-0

32, rue Bargue 75740 Paris cedex 15

www.editions-ellipses.fr

PRÉFACE

Le Cahier d'activités et d'écriture de *Kanji Kakitai !* est parfaitement adapté aux vrais comme aux faux débutants qui veulent apprendre à écrire les *kanji* dans le cadre institutionnel ou de manière autodidacte. Cet ouvrage a pour objectif de permettre l'acquisition fondamentale des *kanji* de manière méthodique et efficace, une fois achevé l'apprentissage des syllabaires japonais (*kana*)[1]. Ce cahier d'exercices a été conçu pour se suffire à lui-même et être utilisé indépendamment du manuel *Kanji Kakitai !* toutefois, on en tirera davantage bénéfice en les étudiant conjointement.

Cet ouvrage se compose de 145 *kanji* les plus courants présentés de manière progressive, avec son vocabulaire le plus usuel dans un acte de communication quotidien (niveau A1/A2[2]), répondant au mieux aux besoins concrets des élèves. Les exercices présentés dans ce cahier sont suivis d'un corrigé qui permet de vérifier les acquis, ainsi qu'une traduction de tous les énoncés, afin d'enrichir son lexique et réviser les tournures grammaticales.

Ce cours a été créé sur la base des programmes de langue japonaise du ministère de l'Éducation nationale publiés[3] de 2007 à 2011. Cet ouvrage est donc en parfaite conformité avec les textes en vigueur, et suit la progression officielle des *kanji* du palier 1 du collège, la liste officielle des *kanji* du lycée (seconde et cycle terminal), ainsi que les listes du vocabulaire le plus fréquent et utile, publiées dans les documents ressources du palier 1. Cette sélection scrupuleuse et limitative des *kanji* et du vocabulaire englobe non seulement les programmes de l'enseignement secondaire (les 3 années complètes de LV3 ou bien les deux premières années de LV2/LV1), mais aussi la liste du premier niveau 5 du nouveau *Test d'Aptitude en Japonais* (JLPT).

L'apprentissage des *kanji* doit être envisagé sur le long terme. Il ne peut y avoir de maîtrise de l'écriture japonaise, sans un travail bien délimité, progressif, et une consolidation régulière des acquis en mettant la priorité sur l'acquisition et la maîtrise du geste graphique. Étant donné que la mémoire la plus stable et la plus fiable n'est pas la mémoire visuelle, mais la mémoire kinésique (gestuelle) ou procédurale, cet ouvrage offre l'atout majeur d'intégrer des procédés essentiels à la stimulation et à la réactivation de la mémoire à travers des exercices et des activités simples et variés. Le lecteur tirera également grand avantage à lire à haute voix tous les énoncés qu'il recopiera pour stimuler également la mémoire auditive.

Les auteurs

1. Pour l'apprentissage des *kana*, voir l'ouvrage *Kakikata,* éd. Ellipses. Le lecteur trouvera également au début de cet ouvrage le tableau des syllabaires : *hiragana* et *katakana* avant de pouvoir aborder les *kanji*, s'il est grand débutant.
2. Cf. *Cadre européen commun de référence pour les langues.*
3. Cf. Programmes du palier 1 publiés au Bulletin Officiel du ministère de l'Éducation nationale, hors série n° 7 du 26 avril 2007, pages 4 à 24 ; le programme « Acquisition de la compétence graphique » de seconde et du cycle terminal, BOEN n° 32 du 8 septembre 2011. Quant au lexique, on peut se référer également aux ressources publiées avec l'aide du SCÉRÉN [CNDP] : brochure palier 1, décembre 2009, 61 pages.

MODE D'EMPLOI DE L'OUVRAGE

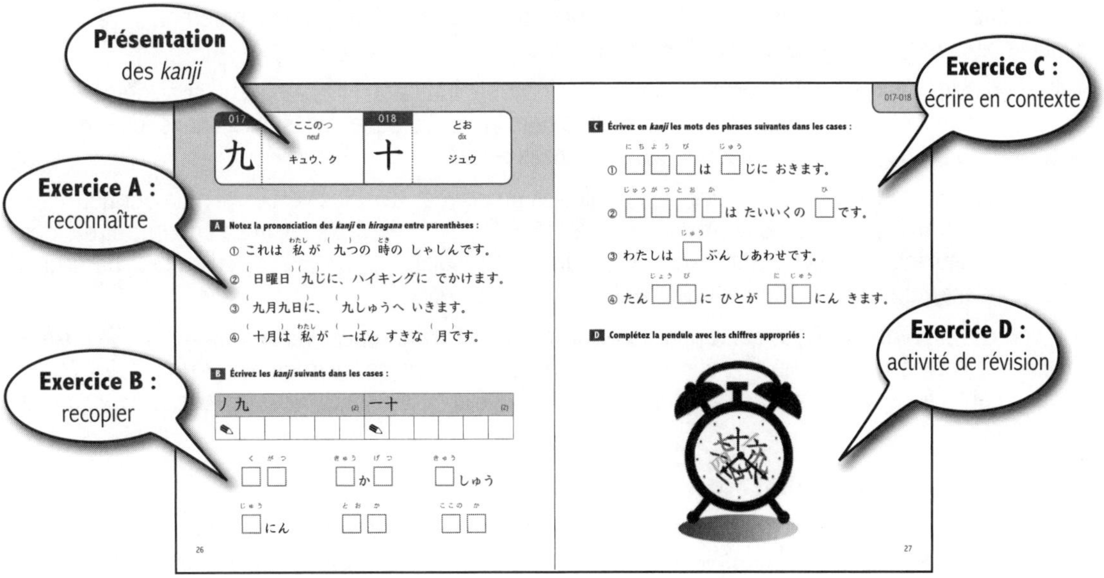

Présentation des caractères

Les *kanji* ont été numérotés et associés par paire selon leur sens ou leur forme, afin d'en faciliter la mémorisation de manière astucieuse et efficace. Ainsi le débutant trouvera rapidement son rythme idéal d'apprentissage.

On distingue tout d'abord les prononciations japonaises « *kun* », présentées en *hiragana*, de celles d'origine sino-japonaise « *on* » en *katakana*. Cette distinction n'a de valeur que dans un dictionnaire ou un manuel de *kanji* de ce type, pour mettre en évidence l'origine des lectures, et ne doit pas être appliquée dans la vie courante. Il faut donc écrire les mots en *hiragana* lorsqu'on n'a pas recours aux *kanji*. Quand elle existe, la lecture « *kun* » sera donnée en premier, alors que la lecture « *on* » apparaîtra en second.

On distingue ensuite les prononciations indépendantes (sans parenthèses), qui forment des mots à elles seules, de celles qui ne le sont pas (entre parenthèses), servant à la création de nouveaux termes.

Ex. 1 : 水 みず il s'agit d'un mot employé de manière autonome.
Ex. 2 : 水 (スイ) il s'agit d'une prononciation réservée à la formation de mots composés lorsque le caractère se combine avec un ou plusieurs autres *kanji*. Il n'est donc pas possible, en principe, de l'employer tout seul.
Toutefois, certaines lectures « *on* » constituent des mots à elles seules et sont autonomes, apparaissant donc sans parenthèses. À l'inverse, il arrive aussi parfois qu'une lecture « *kun* » ne soit pas vraiment indépendante, elle sera donnée entre parenthèses.
Ex. 3 : 本 ホン livre (lecture « *on* » autonome)
Ex. 4 : 夕 (ゆう) soir (lecture « *kun* » en principe non autonome)

On distingue ensuite en **gras** la partie de la prononciation qui correspond au caractère proprement dit, et en non gras les *okurigana* (il s'agit de la partie à tracer en *hiragana* après le caractère chinois, et indispensable pour différencier les prononciations de certains *kanji* ou les différentes variations combinatoires des mots variables : verbes, qualificatifs).

Sont proposées ensuite des exemples de traductions en français. Elles peuvent considérablement varier selon le contexte, aussi sont-elles parfois multiples. Lorsque les significations diffèrent en fonction de la prononciation, elles sont indiquées en vis-à-vis.

Sont données entre crochets les principales particules employées avec les verbes afin de permettre de dissocier les transitifs, qui requièrent la particule du C.O.D. [-を] (sauf mention contraire), des intransitifs, introduits directement avec la particule du sujet [-が], ou d'autres particules correspondant à un autre type de complément [-に、-へ etc.] .

Les verbes en *-iru* ou *-eru* qui appartiennent au premier groupe (verbe *godan*, à 5 bases) apparaissent avec la mention ㊄, afin de pouvoir les dissocier des verbes en *-iru* ou *-eru* (sans mention particulière) qui sont, pour la plupart, des verbes du deuxième groupe (verbes *ichidan*, à une seule base).

A Exercice de reconnaissance

Les *kanji* étudiés sont utilisés en contexte dans une série de quatre phrases. Il s'agit d'en retrouver tout d'abord la signification d'après le contexte et donc la prononciation en notant cette dernière en *hiragana* entre parenthèses. Ces phrases permettent aussi de réviser les acquis, puisque les *kanji* et les mots composés précédents sont réemployés systématiquement. Le corrigé se trouve en fin d'ouvrage avec la traduction de chaque phrase, ce qui permet de revoir et d'assimiler le lexique.

B Exercice d'écriture avec modèle

Chaque *kanji* est décomposé tout d'abord trait par trait - le nombre total de trait apparaît en fin de ligne -, afin de pouvoir apprendre à le tracer correctement, en respectant son équilibre. On s'exerce en premier lieu à copier le *kanji* en suivant l'ordre des traits indiqué juste au-dessus dans les cinq cases réservées à l'écriture, tout en respectant les proportions par rapport au carré.
Pour bien maîtriser les caractères, il est nécessaire de les écrire très régulièrement, en suivant scrupuleusement l'ordre des traits. C'est le meilleur moyen de respecter naturellement l'équilibre et l'esthétique du *kanji*, mais aussi et surtout de stimuler la mémoire du geste, car la mémoire visuelle ne saurait suffire à l'assimilation « active » de ces signes complexes. C'est la raison pour laquelle l'exercice se poursuit par le biais de mots à écrire, avant d'aborder la phrase dans l'exercice suivant.
En cas de difficulté à lire ou à écrire certains noms propres, ils ont été spécialement lexicalisés à la fin de cet ouvrage.

C Exercice d'écriture en contexte au sein de phrases

Cet exercice aide en priorité à vérifier les acquis, et constitue donc la partie primordiale de cette méthode. Il s'agit d'écrire dans le contexte de phrases les *kanji* appris précédemment. Afin d'optimiser l'exercice, il est fortement recommandé de cacher la page de gauche pour tracer entièrement de mémoire les caractères et vérifier ensuite en fin d'ouvrage la correction, ainsi que la traduction.

D Activité

Des révisions constantes et régulières étant l'une des clés d'une mémorisation fiable des *kanji*, des activités simples et variées permettent de réactiver de manière ludique les acquis.

TABLEAU DES *HIRAGANA*

a あ	ka か	sa さ	ta た	na な	ha は	ma ま	ya や	ra ら	wa わ	n ん
i い	ki き	shi し	chi ち	ni に	hi ひ	mi み		ri り		
u う	ku く	su す	tsu つ	nu ぬ	fu ふ	mu む	yu ゆ	ru る		
e え	ke け	se せ	te て	ne ね	he へ	me め		re れ		
o お	ko こ	so そ	to と	no の	ho ほ	mo も	yo よ	ro ろ	(w)o を	

ga が	za ざ	da だ
gi ぎ	ji じ	(ji) ぢ
gu ぐ	zu ず	(zu) づ
ge げ	ze ぜ	de で
go ご	zo ぞ	do ど

ba ば	pa ぱ
bi び	pi ぴ
bu ぶ	pu ぷ
be べ	pe ぺ
bo ぼ	po ぼ

kya きゃ	sha しゃ	cha ちゃ	nya にゃ	hya ひゃ	mya みゃ
kyu きゅ	shu しゅ	chu ちゅ	nyu にゅ	hyu ひゅ	myu みゅ
kyo きょ	sho しょ	cho ちょ	nyo にょ	hyo ひょ	myo みょ

rya りゃ
ryu りゅ
ryo りょ

gya ぎゃ	ja じゃ
gyu ぎゅ	ju じゅ
gyo ぎょ	jo じょ

bya びゃ	pya ぴゃ
byu びゅ	pyu ぴゅ
byo びょ	pyo ぴょ

TABLEAU DES *KATAKANA*

a ア	ka カ	sa サ	ta タ	na ナ	ha ハ	ma マ	ya ヤ	ra ラ	wa ワ	n ン
i イ	ki キ	shi シ	chi チ	ni ニ	hi ヒ	mi ミ		ri リ		
u ウ	ku ク	su ス	tsu ツ	nu ヌ	fu フ	mu ム	yu ユ	ru ル		
e エ	ke ケ	se セ	te テ	ne ネ	he ヘ	me メ		re レ		
o オ	ko コ	so ソ	to ト	no ノ	ho ホ	mo モ	yo ヨ	ro ロ	(w)o ヲ	

ga ガ	za ザ	da ダ
gi ギ	ji ジ	(ji) ヂ
gu グ	zu ズ	(zu) ヅ
ge ゲ	ze ゼ	de デ
go ゴ	zo ゾ	do ド

ba バ	pa パ
bi ビ	pi ピ
bu ブ	pu プ
be ベ	pe ペ
bo ボ	po ポ

kya キャ	sha シャ	cha チャ	nya ニャ	hya ヒャ	mya ミャ
kyu キュ	shu シュ	chu チュ	nyu ニュ	hyu ヒュ	myu ミュ
kyo キョ	sho ショ	cho チョ	nyo ニョ	hyo ヒョ	myo ミョ

rya リャ
ryu リュ
ryo リョ

gya ギャ	ja ジャ
gyu ギュ	ju ジュ
gyo ギョ	jo ジョ

bya ビャ	pya ピャ
byu ビュ	pyu ピュ
byo ギョ	pyo ピョ

LISTES DES 145 *KANJI* DU PALIER 1

Première partie				Deuxième partie			
日 001	月 002	火 003	水 004	父 056	母 057	体 058	耳 059
木 005	金 006	土 007	曜 008	手 060	足 061	早 062	元 063
一 009	二 010	三 011	四 012	天 064	気 065	雨 066	雪 067
五 013	六 014	七 015	八 016	電 068	物 069	糸 070	貝 071
九 017	十 018	百 019	千 020	買 072	売 073	入 074	出 075
万 021	何 022	本 023	円 024	食 076	飲 077	飯 078	作 079
今 025	年 026	時 027	分 028	言 080	読 081	話 082	語 083
口 029	目 030	山 031	田 032	書 084	立 085	門 086	聞 087
人 033	子 034	男 035	女 036	家 088	間 089	右 090	左 091
大 037	小 038	上 039	下 040	前 092	後 093	内 094	外 095
中 041	半 042	力 043	車 044	犬 096	馬 097	鳥 098	魚 099
先 045	生 046	学 047	校 048	牛 100	肉 101	道 102	駅 103
行 049	来 050	見 051	休 052	毎 104	朝 105	午 106	昼 107
私 053	好 054	々 055		夜 108	夕 109	晩 110	週 111
				春 112	夏 113	秋 114	冬 115
				東 116	西 117	南 118	北 119
				川 120	海 121	国 122	京 123
				名 124	字 125	文 126	方 127
				白 128	黒 129	青 130	赤 131
				高 132	安 133	多 134	少 135
				新 136	古 137	長 138	短 139
				明 140	暗 141	竹 142	米 143
				花 144	茶 145		

001	
日	ひ soleil ; jour (-び、-か) (ニ、ニチ、ジツ)

002	
月	つき lune ; mois (ゲツ、ガツ)

A **Notez la prononciation des *kanji* en *hiragana* entre parenthèses :**

① こん日(　　)は！

② まい日(　　)日(　　)ほんごの クラスが あります。

③ つぎの 日(　　)は 月(　　)よう日(　　)です。きゅう日(　　)です。

④ こん月(　　)は いち月(　　)です。らい月(　　)は に月(　　)です。

B **Écrivez les *kanji* suivants dans les cases :**

丨 冂 日 日 (4)						丿 冂 月 月 (4)					
✏						✏					

□(ひ)　□(に)ほん　□(にち)よう□(び)　みっ□(か)

□(つき)　いち□(がつ)　□(げつ)よう□(び)　いっか□(げつ)

C **Écrivez en *kanji* les mots des phrases suivantes dans les cases :**

がつ　か　ひ
① ご□いつ□は おとこの この □です。

び　がつ　か
② たんじょう□は じゅう□よっ□です。

つき
③ きれいな □に うさぎが みえます。

にち　び　にち
④ □よう□は いち□じゅう ねます。

D **Combien de fois apparaissent les *kanji* 日 et 月 dans le sablier ?**

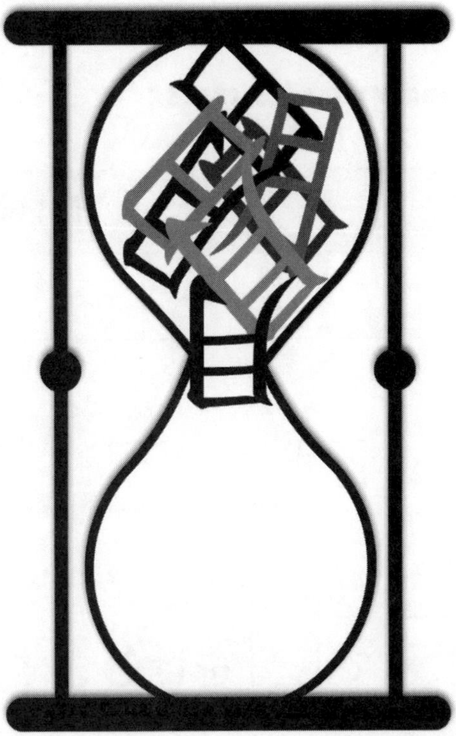

003		004	
火	ひ feu (カ)	水	みず eau (スイ)

A **Notez la prononciation des *kanji* en *hiragana* entre parenthèses:**

①　きょうは （　）火よう（　）日です。

②　（　）日ほんは （　）火ざんが おおいです。

③　（　）火に 気(き)をつけます。

④　なつは、（　）水を たくさん のみます。

B **Écrivez les *kanji* suivants dans les cases :**

丶 丷 火 火 (4)						亅 才 水 水 (4)					
✎						✎					

はな□(び)　　□(か)よう□(び)　　□(すい)よう□(び)

□(か)ざん　□(みず)で□(ひ)をけします　□(すい)えい

C Écrivez en *kanji* les mots des phrases suivantes dans les cases :

① □(みず)たさんは　はなに □(みず)を やります。

② □(すい)えいレッスンは □(か)よう□(び)です。

③ □(みず)ぐちさんは □(ひ)が こわいです。

④ □(すい)よう□(び)は □(に)ほんごの クラスです。

D Complétez le dessin suivant avec les *kanji* appropriés :

なつです。

005		006	
木	き arbre ; bois (モク)	金	［お］かね argent (monnaie) キン or ; métal

A **Notez la prononciation des *kanji* en *hiragana* entre parenthèses :**

① うちの にわに（　）木が あります。

② （　）木よう（　）日は プールで（　）水えいを します。

③ （　）金よう（　）日まで（　）日ほんごを ならいます。

④ （　）水木さんは お（　）金が たくさん あります。

B **Écrivez les *kanji* suivants dans les cases :**

一十才木 (4)						ノ 𠆢 亼 亼 仐 仐 仐 金 (8)					
✏						✏					

き □　　もく□よう び□　　お かね□

きん□　　きん□メダリスト　　きん□よう び□

C **Écrivez en *kanji* les mots des phrases suivantes dans les cases :**

　　き　　　　　　　に
① すず□せんせいの □ほんごの クラスは

か　　び　　　もく　　び
□よう□と □よう□です。

　　き　　　　　　　かね
② あお□さんは あまり お□が ありません。

げつ　　び　　　きん　　び
③ □よう□から □よう□まで あそぶ

じかんが あまり ありません。

すい　　　きん
④ □えいで □メダルを とりました。

D **Reconstituez les *kanji* décomposés :**

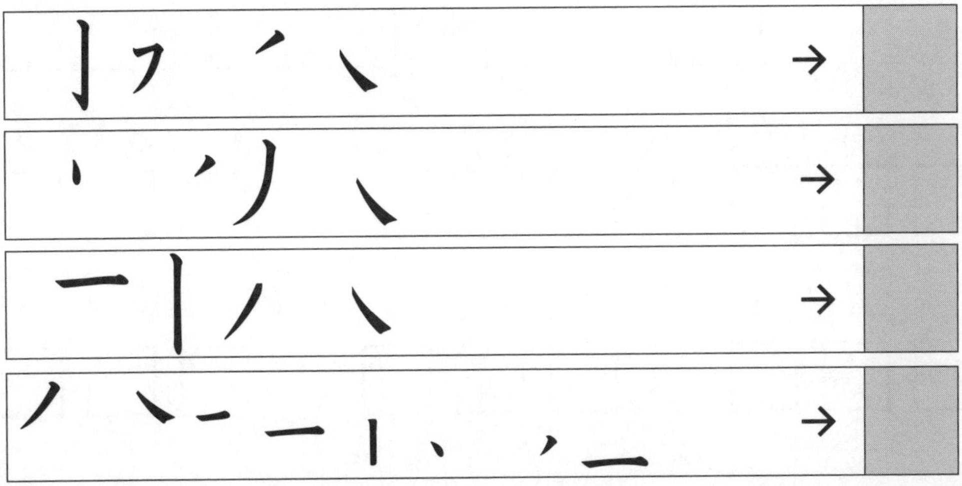

007		008	
土	つち terre ; sol (ド)	曜	(ヨウ) jour de la semaine

A **Notez la prononciation des *kanji* en *hiragana* entre parenthèses :**

① (　　　)土曜日、ともだちと えいがを みます。

② がっこうは (　　　)土日 やすみです。

③ (　　)日ほんごの じゅぎょうは なん(　　　)曜日ですか。

④ (　　　)木曜日は ともだちと テニスを します。

B **Écrivez les *kanji* suivants dans les cases :**

一 十 土 (3)						日ㇴ 日ヨ 日ㇷ 旿 旿 曜 曜 曜 (18)					
✎						✎					

げつようび □□□　かようび □□□　すいようび □□□

もくようび □□□　きんようび □□□　どようび □□□

C Écrivez en *kanji* les mots des phrases suivantes dans les cases :

みずき　どにち
① □□さんは □□ なにを しますか。

かね　ようび
② □ださんは おなじ □□に いきます。

にちようび
③ □□□には じかんが あります。

きんようび
④ □□□の ゆうがたは おそく ねます。

D Complétez le tableau suivant avec les mots ou les *kanji* appropriés :

Jour du soleil		曜	日	
Jour de ________	月			lundi
Jour du feu			日	mardi
Jour de ________	水	曜		
Jour du bois			日	
Jour du métal		曜		vendredi
Jour de ________	土			

009		010	
一	ひとつ un イチ	二	ふたつ deux ニ

A **Notez la prononciation des *kanji* en *hiragana* entre parenthèses :**

① 一月一日( )は、一( )ねんの はじまりの 日( )です。

がん日( )です。

② ははと 二( )りで デパートへ いきました。

③ 二月( )は 一( )ねんで 一( )ばん 短(みじか)い 月( )です。

B **Écrivez les *kanji* suivants dans les cases :**

一 (1)						一 二 (2)					
✎						✎					

□□ (いちがつ)　□り (ひと)　□か□ (に・げつ)

□しょ[に] (いっ)　□□じゅう (いちにち)　□□ (にがつ)

C **Écrivez en *kanji* les mots des phrases suivantes dans les cases :**

にがつ　いちがつ　つき
① □□は□□の つぎの □です。

ひと　ふた
② □つの りんごを □つに わけました。

いちがつ　いち　いち　つき
③ □□は□ねんの □ばんめの □
です。

いちがつついたちどようび　ふた
④ □□□□□□□から、□り
に　いっ　げつ
で □ほんへ □か□ いきます。

D **Remettez les *kanji* tronqués suivants dans l'ordre en les réécrivant en entier dans le cadre ci-dessous :**

(a.)　(b.)　(c.)　(d.)　(e.)　(f.)　(g.)

(f.)	( )	( )	( )	( )	( )	( )
日	□	□	□	□	□	□

011		012	
三	みっつ trois サン	四	よっつ quatre よん シ

A **Notez la prononciation des *kanji* en *hiragana* entre parenthèses :**

① きょうは（　）三月三日です。ひなまつりです。

② おかしを（　）三つ たべました。

③（　）日ほんの がっこうは（　）四月からです。

④ がっこうを（　）四日 やすみました。

B **Écrivez les *kanji* suivants dans les cases :**

一 二 三 (3)						丨 冂 冃 四 四 (5)					
✎						✎					

さんがつ □□　　さん か げつ □か□　　みっか □□

しがつ □□　　よっか □□　　よ □にん

C Écrivez en *kanji* les mots des phrases suivantes dans les cases :

① おしょう□（がつ）は □□□□（いちがつついたち）から □（みっ）□（か）まで です。

② □□□□（しがつついたち）は エープリルフールです。

③ あかちゃんは □（さん）か□（げつ）です。

④ おとうとは □（よっ）つに なります。

D Indiquez entre parenthèses le numéro du trait grisé :

四 ( ) 日 ( ) 火 ( )

金 ( ) 水 ( ) 曜 ( )

013	いつつ cinq ゴ	014	むっつ six ロク
五		六	

A **Notez la prononciation des *kanji* en *hiragana* entre parenthèses :**

① (　　)五月五日は こどもの (　)日です。

② クッキーを (　)五つ たべました。

③ (　)六月は あめの (　)日が おおい (　)月です。

④ じゅうどうを (　)六か(　)月 しました。

B **Écrivez les *kanji* suivants dans les cases :**

一 丅 万 五 (4)						` 亠 六 六 (4)					
✎						✎					

ご □にん

ろくがつ □□

むいか □□

いつか □□

ごがつ □□

ろっかげつ □か□

C Écrivez en *kanji* les mots des phrases suivantes dans les cases :

ご　げつ

① しずおかに □ か □ いました。

ろく

② おとこの こは □ にんだけです。

むい　か

③ りょこうは □ □ だけでした。

ろく

④ やすみは □ しゅうかんだけです

D Complétez le tableau suivant :

一	＋	二	＝	
六	ー		＝	四
三	÷	三	＝	
五	ー		＝	一
一	＋		＝	六
四	＋	二	＝	

015		016	
七	ななつ なな sept シチ	八	やっつ huit ハチ

A **Notez la prononciation des *kanji* en *hiragana* entre parenthèses :**

① 「七( )にんの 侍(さむらい)」は 日( )ほんの えいがです。

② たなばたまつりは 七月七日( )です。

③ きょうは 七月八日( )です。

④ 八( )おやさんで りんごを 七( )こ かいました。

B **Écrivez les *kanji* suivants dans les cases :**

一七 (2)						ノ 八 (2)					
✎						✎					

なの か □□ 　 しちがつ □□ 　 しち □にん

はちがつ □□ 　 よう か □□ 　 や □おや

C **Écrivez en *kanji* les mots des phrases suivantes dans les cases :**

① ふつう、おぼんは □□（はちがつ）です。

② □（しち）にんの こびとは ケーキを □（やっ）つに きり

ました。 白雪姫（しらゆきひめ）と □（いっ）しょに たべました。

③ □（に）ほんに □（はっ）か□（げつ） いました。

④ □□□（しちごさん）です。□（なな）つの おとこの こは

じんじゃへ おまいり します。

D **Achevez les *kanji* masqués suivants :**

E **Reconstituez les *kanji* suivants :**

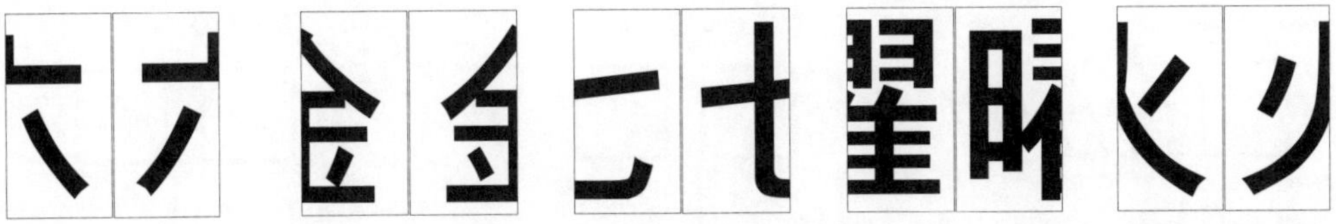

017		018	
九	ここのつ neuf キュウ、ク	十	とお dix ジュウ

A **Notez la prononciation des *kanji* en *hiragana* entre parenthèses :**

① これは 私(わたし)が 九( )つの 時(とき)の しゃしんです。

② 日曜日( ) 九( )じに、ハイキングに でかけます。

③ 九月九日( )に、 九( )しゅうへ いきます。

④ 十月( )は 私(わたし)が 一( )ばん すきな 月( )です。

B **Écrivez les *kanji* suivants dans les cases :**

ノ 九 (2)						一 十 (2)					
✎						✎					

く が つ
□□

きゅう げつ
□か□

きゅう
□しゅう

じゅう
□にん

と お か
□□

ここの か
□□

C **Écrivez en *kanji* les mots des phrases suivantes dans les cases :**

にちようび　じゅう
① □□□は □じに おきます。

じゅうがつとおか　ひ
② □□□□は たいいくの □です。

じゅう
③ わたしは □ぶん しあわせです。

じょうび　にじゅう
④ たん□□に ひとが □□にん きます。

D **Complétez la pendule avec les chiffres appropriés :**

019	ヒャク
百	cent

020	セン
千	mille

A **Notez la prononciation des *kanji* en *hiragana* entre parenthèses :**

① この ノートは （　　）三百えんです。

② この ペンケースは （　　）六百えんです。

③ がっこうは せいとが （　　）千にん います。

④ （　）千ねんまえ、（　）日ほんは 平安（へいあん）じだいでした。

B **Écrivez les *kanji* suivants dans les cases :**

一 丆 丆 百 百 百 (6)						一 二 千 (3)					
✏						✏					

ろっぴゃく □□

さんびゃく □□

やお □□や

せん □にん

さんぜん □□

ひゃく □

C Écrivez en *kanji* les mots des phrases suivantes dans les cases :

① そぼは □（ひゃく）さいです。

② □（ひゃく）えんショップで けしゴムを かいました。

③ きってを □□（せんひゃく）まい もっています。

D L'ordre des traits des *kanji* suivants est erroné, corrigez-le :

丨 冂 冃 日 日 白 百

一 十 千

E Complétez le tableau suivant avec les mots ou les *kanji* appropriés :

一月一日	いちがつ　ついたち	1er janvier
四月二日		
	くがつ　ようか	
七月二十日		
		10 mai

021		022	
万	マン dix mille	何	なに quoi (なん-) quel(le) ; combien

A **Notez la prononciation des *kanji* en *hiragana* entre parenthèses :**

① デパートで（　　）何を　かいましたか。

② （　　）日ほんごの　クラスは　（　　　　）何曜日ですか。

③ ちちから　（　　　）一万えん　もらいました。

④ （　　　　）一万ユーロは　（　　）何えんに　なりますか。

B **Écrivez les *kanji* suivants dans les cases :**

一 丁 万 (3)						ノ イ 亻 亻 仃 何 何 (7)					
✎						✎					

いちまん
□□

ひゃくまん
□□

なに
□

なんようび
□□□

なんにち
□□

なん
□にん

C Écrivez en *kanji* les mots des phrases suivantes dans les cases :

にほん　なんにち

① □□に □□ぐらい いますか。

ななひゃくまん　ご　せん

② □□□□□ユーロの くるまです。

なん

③ パリには ひとが □にん すんで いますか。

さんびゃくまん

… □□□にんぐらい すんで います。

に　なんようび

④ □ほんごの テストは □□□ですか。

D Faites les additions suivantes et notez le résultat en *kanji* :

a) 四十六
+ 千七十八

=

b) 二百五十
+ 七十三

=

c) 千九百九十九
+ 千一

=

d) 三百万百十七
+ 三百

=

023		024	
本	もと origine ; ancien ホン livre ; origine ; classificateur pour les objets longs	円	まるい rond エン yen ; rond

A **Notez la prononciation des *kanji* en *hiragana* entre parenthèses:**

① この（　）本は おもしろいです。

②（　）日本は おおきい しまが（　）四つ あります。ほっかいどう、（　）本しゅう、（　）九しゅう、（　）四こくです。

③ この ケータイは（　）何円ですか。

B **Écrivez les *kanji* suivants dans les cases :**

一 十 才 木 本 (5)						丨 冂 円 円 (4)					
✎						✎					

ほん □

にほん □□

ほん □しゅう

なんぼん □□

なんえん □□

せんひゃくえん □□□

C **Écrivez en *kanji* les mots des phrases suivantes dans les cases :**

にほん　ろくせんはっぴゃくご
① □□は しまが □□□□□

じゅうに
□□ とう あります。

ほん　げつようび
② □やは □□□が やすみです。

いちまんえん
③ しんかんせんで □□□ぐらいです。

ほん　なんえん
④ この □は □□ですか。

なんぼん
⑤ ボールペンを □□ かいましたか。

D **Choisissez la bonne lecture ou les bons *kanji*. Attention, plusieurs bonnes réponses sont parfois possibles par ligne :**

① にほん　a) 日木　b) 日本　c) 二本

② よんじゅう　a) 四十　b) 匹十　c) 田十

③ 何円　a) なえん　b) なんえん　c) なにえん

025		026	
今	いま maintenant (コン)	年	とし année ; âge (ネン)

A **Notez la prononciation des *kanji* en *hiragana* entre parenthèses :**

① （　）（　）
今、何じですか。

② （　）
今月は オリンピックが あります。

③ （　）（　）
わたしは はん年ご、二年せいに なります。

④ （　）（　）（　）（　）
今年は うま年で、らい年は ひつじ年です。

B **Écrivez les *kanji* suivants dans les cases :**

ノ 人 今 今 (4)						ノ 𠂉 𠂉 𠂉 𠂉 年 (6)					
✎						✎					

きょう □□　　こんげつ □□　　いま □

とし □　　ことし □□　　け □ さ 朝

C **Écrivez en *kanji* les mots des phrases suivantes dans les cases :**

① □(いま)から □(なに)を しますか。

② □□(なんねん)ぐらい □□(にほん)に いましたか。

③ □(いま)まで、まい□(とし) □□(にほん)に いきました。

らい□(ねん) また いきます。

④ □(こん)ばんは □(ひと)りで えいがに いきます。

D **Écrivez la prononciation des *kanji* de cette carte de vœux (*nengajô*) :**

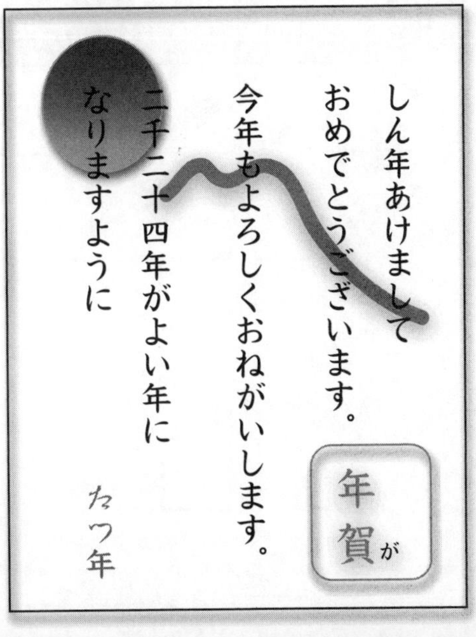

027		028	
時	とき temps ; quand (ジ) temps ; heure	分	[-が] わかる comprendre [-を] わける partager ; diviser ; trier (フン、プン) minute (ブン) partie

A **Notez la prononciation des *kanji* en *hiragana* entre parenthèses :**

① じゅぎょうは (何時に) おわりますか。

② (四時に) おやつを たべます。

③ あと (十分)です。はやく して ください。

④ たまごは (何分) ゆでますか。

B **Écrivez les *kanji* suivants dans les cases :**

日 日一 日十 日土 日圭 時 時 (10)						ノ 八 分 分 (4)					
✎						✎					

とき □

なんじ □□

くじ □□

なんぷん □□

じゅっぷん □□

はん ぶん □

C **Écrivez en *kanji* les mots des phrases suivantes dans les cases :**

と
① □けいを もって いますか。

わ
② □かりません。ゆっくり いって ください。

しち じ じゅう ご ふん
③ □□□□□の バスに のります。

じ じゅう ご ふん
④ やすみ□かんは □□□です。

ぶん
⑤ ケーキの はん□ たべました。

D **Reconstituez les *kanji* à partir des éléments dispersés :**

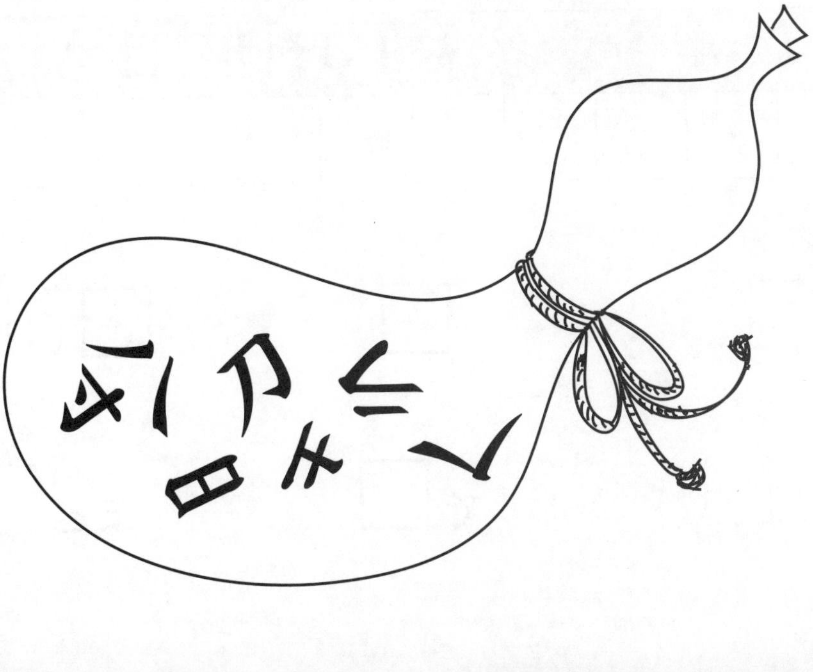

029	
口	くち bouche (コウ)

030	
目	め œil (モク)

A **Notez la prononciation des *kanji* en *hiragana* entre parenthèses :**

① くじらは　(　　)口が　おおきいです。

② (　　)お金を　まど(　　)口に　だしました。

③ (　　)目が　いたいから、(　　)目いしゃに　いきました。

(　　)目ぐすりを　(　　)目に　いれました。

B **Écrivez les *kanji* suivants dans les cases :**

丨 冂 口 (3)						丨 冂 冃 月 目 (5)					
✎						✎					

くち □　　め □　　め □いしゃ

いり ぐち □　　で ぐち □　　まど ぐち □

C **Écrivez en *kanji* les mots des phrases suivantes dans les cases :**

① あそこに いり□（ぐち）が ありますね。

② なつ□（め）せんせいは □（め）が いいです。

③ かえるは □（くち）が おおきいです。

④ よる □（くち）や □（め）を とじて ねます。

⑤ □（ひと）つ□（め）こぞうは □（め）が □（ひと）つだけ あります。

D **Reconstituez les *kanji* décomposés :**

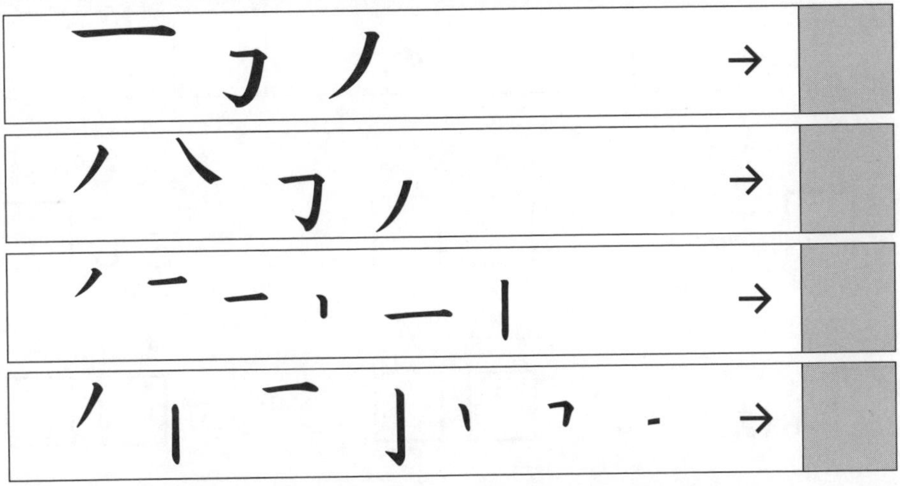

031		032	
山	やま montagne (サン、ザン)	田	た rizière

A **Notez la prononciation des *kanji* en *hiragana* entre parenthèses :**

① ふじ山(　)は　火山(　)です。ゆうめいな　山(　)です。

② いなかです。田(　)んぼが　たくさん　あります。

③ 田中(　)さんは　だれですか。

④ わたしは　山(　)が　すきです。

B **Écrivez les *kanji* suivants dans les cases :**

丨 山 山 (3)						丨 冂 冊 用 田 (5)					
✎						✎					

やま □

かざん □□

ふじ さん □

た □んぼ

やまだ □□

ほんだ □□

C Écrivez en *kanji* les mots des phrases suivantes dans les cases :

① □□(ほんだ)さんは □(やま)のぼりが すきです。

② □□(にほん)は □□(かざん)が おおいです。

③ □□(やまもと)さんは なか□(た)さんと ふじ□(さん)に のぼりました。

④『となりの □□(やまだ)くん』は □□(にほん)の アニメです。

⑤ すみ□(だ)がわは とうきょうの かわです。

D Indiquez entre parenthèses le numéro du trait grisé :

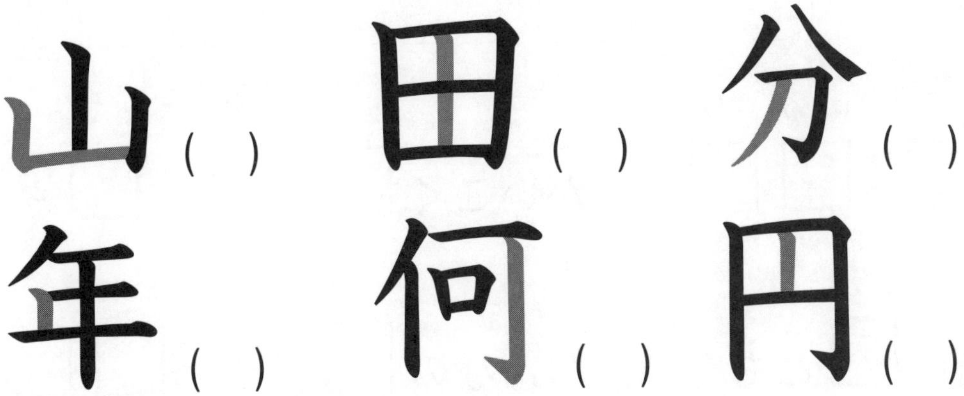

033		034	
人	ひと homme ; humain (ニン、ジン)	子	こ enfant (シ)

A **Notez la prononciation des *kanji* en *hiragana* entre parenthèses :**

① 月山（　　）さんは 子（　）どもが 二人（　　） います。

② 日本人（　　）が 四人（　）と、タイ人（　）が 一人（　） います。

③ クラスには がいこく人（　）が 何人（　　） いますか。

④ 土田（　　）さんの お子（　）さんは 七（　）つ になります。

B **Écrivez les *kanji* suivants dans les cases :**

ノ人 (2)						⁻了子 (3)					
✎						✎					

□□□（にほんじん）　がいこく□（じん）　□（にん）き

□（こ）ども　おんなの□（こ）　□□（なんにん）

C **Écrivez en *kanji* les mots des phrases suivantes dans les cases :**

こ　むっ
① あの □ は □ つです。

ひと　なにじん
② あの □ たちは □□ ですか。

ひと　かね
③ この □ は お □ が たくさん あります。

ひと　にん
④ あの □ は □ きが　あります。

こ　こ
⑤ あの □ は どこの □ ですか。

D **Reliez les symboles et les *kanji* adéquats :**

A.	B.	C.	D.	E.	F.	G.	H.

a.	b.	c.	d.	e.	f.	g.	h.
子	日	口	目	月	本	二	円

035	おとこ	036	おんな
男	garçon ; homme (ダン、ナン) -お suffixe pour les prénoms de garçon	女	fille ; femme (ジョ)

A **Notez la prononciation des *kanji* en *hiragana* entre parenthèses :**

① むかし、（　）女は いえで、（　）男は そとで しごとを しました。

② （　）男の（　）子と（　）女の（　）子が こうえんで ソフトボールを します。

B **Écrivez les *kanji* suivants dans les cases :**

丨 冂 冊 用 田 男 男 (7)	𡿨 女 女 (3)
✎ □□□□□	✎ □□□□□

おとこ □　　だんし □□　　だん □せい

おんな □　　じょし □□　　じょ □せい

C Écrivez en *kanji* les mots des phrases suivantes dans les cases :

① ここは おんせんです。ひだりは □（おとこ）ゆです。
□（おとこ）の □（ひと）が はいります。みぎは □（おんな）ゆです。
□（おんな）の □（ひと）が はいります。

② □□（にほん）は □□（じょし）サッカーが つよいです。

③ わたしの クラスに □（おんな）の □（こ）が □□（じゅうしち）
□（にん）と □（おとこ）の □（こ）が □□□（じゅうごにん） います。

④ かぶきの やくしゃは みんな □（おとこ）の □（ひと）です。

D Rayez l'intrus :

男	女
人	月

今	ロ
時	分

日	火
五	水

037		038	
大	おおきい grand (ダイ、タイ)	小	ちいさい petit (préfixes : こ-、お-) (ショウ)

A **Notez la prononciation des *kanji* en *hiragana* entre parenthèses :**

① その（　　）日本人は あの（　）人より（　）大きいです。

② （　　）大口さんの（　）子どもは（　）大きく なりました。

③ （　）大きい（　）本も（　）小さい（　）本も あります。

④ （　　）日本の（　）小さい テレビが あります。

B **Écrivez les *kanji* suivants dans les cases :**

一ナ大 (3)						亅小小 (3)					
✎						✎					

おお □ぜい

だい □がく

たい □せつ

しょう □がっこう

しょう □がくせい

おとな □□

C Écrivez en *kanji* les mots des phrases suivantes dans les cases :

おだ　め　おお
① □□さんより □が □きいです。

こやま　ごせんえん
② □□さんから □□□ もらいました。

おおやま　だい
③ □□さんは もう □じょうぶです。

しちじ　しょう　おお
④ □□から □がっこうには □ぜいの

しょう
□がくせいが います。

D Dénouez les fils du labyrinthe et trouvez onze mots composés :

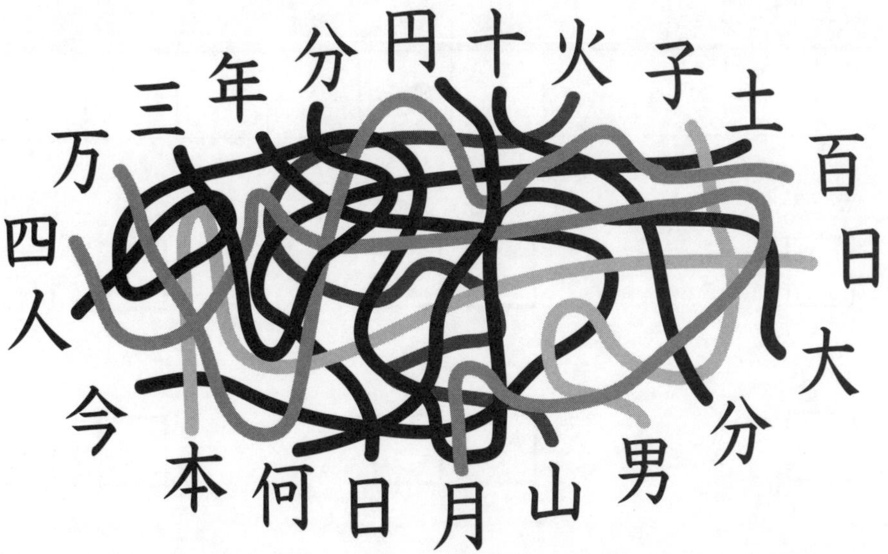

039		040	
上	うえ dessus [-が] あがる se lever ; monter [-を] あげる lever (ジョウ)	下	した dessous [-が] さがる baisser [-を] さげる baisser (カ、ゲ)

A **Notez la prononciation des *kanji* en *hiragana* entre parenthèses :**

① 年上( )の せいとを 「せんぱい」と いいます。

② 年下( )の せいとを 「こうはい」と いいます。

③ この エレベーターは 上( )へ 上( )がります。

④ この エスカレーターは 下( )へ 下( )がります。

B **Écrivez les *kanji* suivants dans les cases :**

丨 ⺊ 上 (3)						一 丅 下 (3)					
✎						✎					

うえ □　　としうえ □□　　あ □げる

した □　　としした □□　　さ □げる

C Écrivez en *kanji* les mots des phrases suivantes dans les cases :

うえ だ　　　　　　　　　じょう
① □□さんは おんがくが □ずです。

にほん　　　　　　　　　　した
② □□で、おもしろい くつ□を みつけました。

か　　　しょう
③ ち□てつで □がっこうへ いきます。

D Trouvez le caractère central permettant de fabriquer 4 mots composés :

	今	
来	?	下
	上	

今		来			下		上

041		042	
中	なか milieu ; dedans (チュウ、ジュウ)	半	なかば moitié (ハン)

A **Notez la prononciation des *kanji* en *hiragana* entre parenthèses :**

① (　) 山の (　) 中に ある ホテルに とまりました。

② まい(日八時半に) (中)がっこうに いきます。

③ (山中)さんは (半年) アメリカに いました。

④ (中)がくせいは (一日中) べんきょうします。

B **Écrivez les *kanji* suivants dans les cases :**

丨 ロ 口 中 (4)						丶 丷 ⺍ 兰 半 (5)					
✎						✎					

なか □

ちゅう □ごく

いちにちじゅう □□□

はんぶん □□

はんとし □□

よじはん □□□

C **Écrivez en *kanji* les mots des phrases suivantes dans les cases :**

① □□（おおかね）さんは □□（はんつき） かいしゃを □（やす）みました。

② □□（なかやま）さんは よ□（なか）に □（なん）ども おきました。

③ りんごを □（ふた）つに きりました。この りんごは □□（はんぶん）が あか、□□（はんぶん）が みどりでした。

D **Ces *kanji* sont incorrects. Il s'agit d'erreurs très courantes. Corrigez-les en les réécrivant pour en maîtriser parfaitement le tracé :**

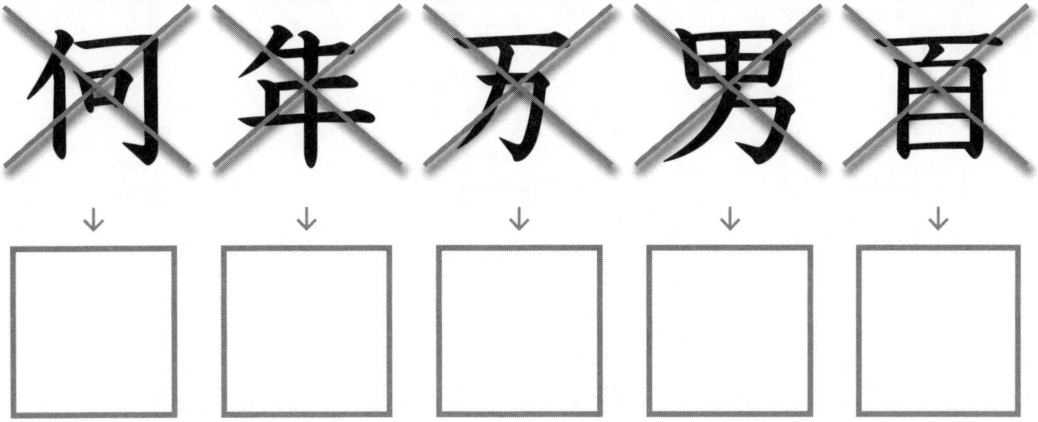

043		044	
力	ちから force (リョク)	車	くるま voiture ; roue (シャ)

A **Notez la prononciation des *kanji* en *hiragana* entre parenthèses :**

① (　　)今年の　なつは、でん(　)車で　うみへ　いきます。

② うちの　(　)車は　(　　)日本せいです。

③ (　　)日本の　がくせいは　よく　じてん(　)車で　がっこうへ　いきます。

B **Écrivez les *kanji* suivants dans les cases :**

(2) (7)

ちから □

りょく ど□

くるま □

しゃ でん□

しゃ じてん□

しゃ じどう□

C **Écrivez en *kanji* les mots des phrases suivantes dans les cases :**

にち　りょく　たい
① まい□の ど□が とても □せつです。

ちから
② かぜの □で でんきを つくります。

にほん　しゃ
③ □□は じどう□を たくさん つくります。

D **Complétez le dessin avec la prononciation des *kanji* suivants :**

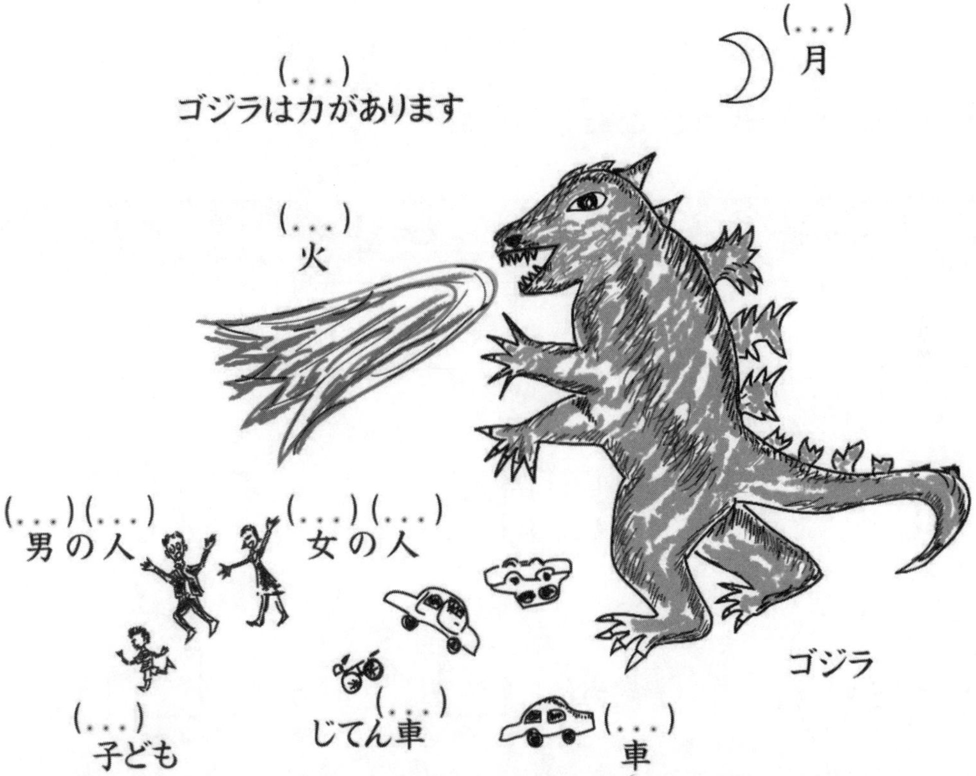

045		046	
先	さき précédent ; bout (セン)	生	[-が] うまれる naître [-が] いきる vivre なま cru ; frais (セイ) vie ; élève (ショウ、ジョウ) vie

A **Notez la prononciation des *kanji* en *hiragana* entre parenthèses :**

① お先( )に しつれい します。

② 先月( )から すこし 上手( )に なりました。

③ 木田( )さんは 日本( )ごの 先生( )です。

④ 先( )しゅう 生( )とは テニスを しました。

B **Écrivez les *kanji* suivants dans les cases :**

ノ 𠂉 牛 生 生 先 (6)						ノ 𠂉 牛 牛 生 (5)					
✎						✎					

さき □

せんげつ □□

せんせい □□

う □まれる

せい がく□

じょうび たん□□

C **Écrivez en *kanji* les mots des phrases suivantes dans les cases :**

① この　さかなは　まだ　□(い)きて　いますよ。

② ゆびの　□(さき)が　つめたいですよ。

③ これから　□(う)まれる　□(ひと)は　□(ひゃく)さいぐらい

まで　□(い)きます。

④ □□□□(おぐちせんせい)の　おたん□□(じょうび)は　いつ

ですか。

⑤ うちの　ねこは　□(なま)の　さかなが　□(だい)すきです。

D **Réécrivez les *kanji* tronqués dans les cases ci-dessous :**

□　□　□　□　□

047		048	
学	[-を] まなぶ étudier (ガク) apprendre ; étudier	校	(コウ) école

A **Notez la prononciation des *kanji* en *hiragana* entre parenthèses :**

① (　　　)学生は よく アルバイトを します。

② フランスでは、(　　　)学校は (　　　)九月から です。

③ らい(　　)年 (　　　)大学に はいります。

④ わたしの おとうとは まだ (　　　　)小学生です。

B **Écrivez les *kanji* suivants dans les cases :**

丶 丷 ⺍ 𭕄 ⺍ 学 学 学 (8)						十 木 木 杧 杧 栫 校 校 (10)					
✎						✎					

がくせい □□ だいがく □□ がっこう □□

しょうがっこう □□□ ちゅうがくせい □□□ こう こう□

C Écrivez en *kanji* les mots des phrases suivantes dans les cases :

① □□□（ちゅうがっこう）の□（とき）、ビデオゲームにむちゅうでした。

② わたしの□□（がっこう）の□（こう）ちょう□□（せんせい）はきびしいです。

③ あねは すう□（がく）を□（まな）びます。とくいです。

D Des erreurs se sont glissées dans les mots suivants, corrigez-les :

~~字校~~ → □　　~~少学生~~ → □　　~~生先~~ → □

E Trouvez le caractère central permettant de fabriquer 6 mots composés :

	小	
中	?	校
	生	

小□　中□　□校　□生

小□生　中□校

049		050	
行	[-が] いく aller (コウ) aller ; faire (ギョウ) ligne ; colonne	来	[-が] くる venir (ライ)

A **Notez la prononciation des *kanji* en *hiragana* entre parenthèses :**

① (　)金曜日に (　)行く つもりです。

② (　)日本に (　)来てから、もう (　)一年半に なります。

③ (　)金山さんは (　)来月 (　)日本に (　)行きます。

④ (　)来年 (　)日本の 友(とも)だちは うちへ (　)来ます。

B **Écrivez les *kanji* suivants dans les cases :**

ノ ク 彳 行 行 行 (6)						一 丆 双 立 平 来 来 (7)					
✎						✎					

い
□く

ろくぎょうめ
□□□

りょ□
　　こう

く
□る

らいねん
□□

らいげつ
□□

C **Écrivez en *kanji* les mots des phrases suivantes dans les cases :**

① □(らい)しゅう　はじめて　ひ□(こう)きに　のります。

② □□□(ごぎょうめ)から　□□□(きゅうぎょうめ)まで　よんで　ください。

③ しょう□(らい)　ぎん□(こう)いんに　なりたいです。

④ □□(ことし)も　□□(らいねん)も　□(こ)ないでしょう。

⑤ ロケットで　宇宙(うちゅう)りょ□(こう)に　□(い)きたいです。

D **Reliez les éléments de manière à ce que le *kanji* soit lu selon la prononciation indiquée :**

051		052	
見	[-を] みる regarder ; voir [-が] みえる (pouvoir) voir [-を] みせる montrer (ケン)	休	[-が] やすむ se reposer やすみ repos ; congé (キュウ)

A Notez la prononciation des *kanji* en *hiragana* entre parenthèses :

① 四月( )は さくらの 木( )の 下( )で はな見( )を します。

② でん車( )の まどから ふじ山( )が 見( )えます。

③ つかれましたか。すこし 休( )みましょう。

B Écrivez les *kanji* suivants dans les cases :

丨 冂 冃 月 目 目 見 (7)	丿 亻 仁 什 休 休 (6)
✎ □□□□□	✎ □□□□□

□(み)る　はな□(み)　□(けん)ぶつする

□(やす)む　□□(きゅうじつ)　なつ□(やす)み

C **Écrivez en *kanji* les mots des phrases suivantes dans les cases :**

にちようび　きゅうじつ

① □□□は □□です。

み

② さいふが □つかりました。

やす

③ ひる□みに おべんとうを たべます。

み

④ いもうとに あたらしい くつを □せます。

み

⑤ たからものを □つけました。

D **Ce message a été grignoté par un insecte mange-papier. Devinez les caractères manquants.**

田中さん、

げんきですか。わたしは　なつ休みに　九しゅうへ

行きました。車で　ながさきまで　行きました。小さい

ホテルで　ねました。まどから　木と　うみが　見えました。

とても　きれいでした。

053		054	
私	わたし je ; moi (シ)	好	すき［な］ aimé (コウ)

A **Notez la prononciation des *kanji* en *hiragana* entre parenthèses :**

① ( )私は ( )好きで ( )日本ごを ( )学びます。

② これは ( )私の ( )一ばん ( )好きな ( )本です。

③ にくより さかなの ほうが ( )好きです。

④ ( )私は ( )私りつの ( )中学校に ( )行きます。

B **Écrivez les *kanji* suivants dans les cases :**

ノ ニ 千 牙 禾 私 私 (7)	く 女 女 女' 好 好 (6)
✎ □□□□□	✎ □□□□□

わたし/わたくし □

わたし □たち

す □き［な］

だいす □□き［な］

こう □ぶつ

し □りつ［の］

C Écrivez en *kanji* les mots des phrases suivantes dans les cases :

① □(わたし)たちは □□(にほん)の テレビを □(み)ました。
しかし、ぜんぜん □(わ)かりませんでした。

② □(わたし)は がいこくの □(おお)きい □□(くるま)が □(だい)
□(す)きです。

③ さかなは ねこの □□(だいこう)ぶつです。

④ □(わたし)の つぎは □□(おおた)さんです。

D Reliez les images suivantes avec les *kanji* adéquats :

A. B. C. D. E. F. G. H.

a.	b.	c.	d.	e.	f.	g.	h.
女	山	火	日	月	休	子	曜

055

々

signe
de redoublement
d'un kanji

A **Notez la prononciation des *kanji* en *hiragana* entre parenthèses :**

① しあわせな (　　　) 日々を すごします。

② (　　　) 人々は (　　) 校ていに あつまりました。

③ (　　　) 時々 デザートに メロンを たべます。

④ (　　　) 年々 ねだんが (　　) 上がります。

B **Écrivez les *kanji* suivants dans les cases :**

ノ ク 々 (3)

✎					

ひとびと □□

ときどき □□

き ぎ □□

ひ び □□

ねんねん □□

やまやま □□

C **Écrivez en *kanji* les mots des phrases suivantes dans les cases :**

① まどから こうえんの □□（きぎ）が □（み）えます。

② ここから □□（にほん）アルプスの □□（やまやま）が □（み）えます。

③ □□（ひとびと）は □□（くちぐち）に 「むりです」と いいました。

D **Vous avez reçu quelques cartes de visite, écrivez le nom de famille de chaque personne entre parenthèses :**

山口

(........) さん

田中

(........) さん

水木

(........) さん

山田

(........) さん

056		057	
父	ちち père ; (mon) père (フ)	母	はは mère ; (ma) mère (ボ)

A **Notez la prononciation des *kanji* en *hiragana* entre parenthèses :**

① 母(　)の 母(　)は そ母(　)です。父(　)の 父(　)は そ父(　)です。

② お父(　)さんと お母(　)さんの 仕事(しごと)は 何(　)ですか。

③ 今年(　)は、母(　)の 日(　)は 何月何日(　)ですか。

④ 子(　)どもの 時(　)、母(　)が え本(　)を よみました。

B **Écrivez les *kanji* suivants dans les cases :**

ノ ハ ク 父 (4)						⺃ 母 母 母 母 (5)					
✎						✎					

□(ちち)　　お□(とう)さん　　そ□(ふ)

□(はは)　　お□(かあ)さん　　そ□(ぼ)

C Écrivez en *kanji* les mots des phrases suivantes dans les cases :

ちち　はは
① □は いつも □に そう いいました。

ちち　はは　ふ　ぼ
② □と □は □□です。

とう
③ お□さんに よろしくと いって ください。

ぼ　かね　こ　こ
④ そ□の なまえは □□ゆき□で、

ふ　た　やま　とき　お
そ□の なまえは □□□□です。

はは　ちち
⑤ □は □から はなを もらいました。

D Complétez cet arbre généalogique :

そ□　そ□　そ□　そ□

□　□

私

058		059	
体	からだ corps (タイ)	耳	みみ oreille

A **Notez la prononciation des *kanji* en *hiragana* entre parenthèses :**

① (　　)私は　(　　)体いくの　(　　)時かんが　(　　)好きです。

② (　　　)小山さんは　(　　)体が　(　　)大きいです。

③ (　　)耳かきは　たけで　できて　います。

④ おじいさんの　(　　)耳が　とおいです。

B **Écrivez les *kanji* suivants dans les cases :**

ノ イ 仁 什 休 体 体 (7)						一 丅 F F 𠂤 耳 (6)					
✎						✎					

からだ □

たい □いく

だいたい □□

からだ □にいい

みみ □

みみ □がいい

C Écrivez en *kanji* les mots des phrases suivantes dans les cases :

① □(こ)どもは □(からだ)が □(ちい)さいです。

② おんがくかは □(みみ)が いいです。

③ □(ちち)は さいきん □(からだ)に きを つけます。

④ □□(だいたい) □□(なんじ)に □(い)きますか。

D Reconstituez les *kanji* à partir des éléments dispersés :

060		061	
手	て main (シュ)	足	あし pied ; jambe (ソク)

A Notez la prononciation des *kanji* en *hiragana* entre parenthèses :

① 分(　)かった 人(　)は 右手(　)を 上(　)げて ください。

② お手(　)あらいは どこですか。

③ 毎(まい)日(　) 手足(　)を つかって 運動(うんどう)を します。

④ ひだり足(　)が いたく なりました。

B Écrivez les *kanji* suivants dans les cases :

一 三 手 手 (4)						丨 ㄇ 口 ㇐ 尸 𧾷 足 (7)					
✎						✎					

□(て)　　お□(て)あらい　　□(て)つだう

きっ□(て)　　□(あし)　　□(て)□(あし)

C **Écrivez en *kanji* les mots des phrases suivantes dans les cases :**

① この □(て)がみには、きっ□(て)が □(いち)まい

ひつようです。

② もっと □□(じょうず)に なりたいです。

③ さるは □□(てあし)が ながいです。

④ □□(みず)が □(た)りません。ですから、□(て)は

あらいませんでした。

D **Complétez le dessin suivant avec les *kanji* appropriés :**

062	はやい tôt ; matinal ; rapide はやく de bonne heure ; vite (ソウ)	063	もと origine ; ancien (ゲン、ガン)
早		元	

A **Notez la prononciation des *kanji* en *hiragana* entre parenthèses :**

① あさ、「お早(　　)う　ございます」と　いいます。

② できるだけ　早(　　)く　して　ください。

③ けさ、早(　　)く　おきました。ねむいです。

④「お元(　　)きですか。」

B **Écrivez les *kanji* suivants dans les cases :**

丨 ㄇ 日 日 旦 早 (6)						一 二 テ 元 (4)					
✎						✎					

□(はや)い　　お□(はよ)うございます　　□(はや)く

□(げん)き [な]　　お□(げん)きで　　□□(がんじつ)

C Écrivez en *kanji* les mots des phrases suivantes dans les cases :

① □□（がんじつ）は □□□□（いちがつついたち）です。□□（がんじつ）の あさは、「あけましておめでとうございます」といいます。

② □□（がっこう）の □（ひ）は □（はや）く おきます。

③ ねこは □（もと）の いえに かえりました。

④ □（もと）ガールフレンドには もう あいません。

⑤ すべりますよ。□□（あしもと）に きを つけて ください。

D Rayez l'intrus :

手	足
休	耳

口	日
目	耳

女	子
好	男

064		065	
天	テン ciel	気	キ souffle (vital) ; air ; esprit ; âme ; humeur

A Notez la prononciation des *kanji* en *hiragana* entre parenthèses :

① (日本)の 秋(あき)は いい (天気)の (日)が 多(おお)いです。

② かぜには (十分) (気)を つけて ください。

③ (大山)さんは いつも (元気)です。

④ (来年)から、新(あたら)しい 電(でん)(気)の (車)が でます。

B Écrivez les *kanji* suivants dans les cases :

一 ニ チ 天 (4)	丿 𠂉 𠂉 气 気 気 (6)
✎	✎

てんき □□

げんき □□な

き □をつける

でんき でん□

きもち □もち

にんき □□

C Écrivez en *kanji* les mots des phrases suivantes dans les cases :

① □□（きょう）は いい □□（てんき）ですか。

② □（ちち）は でん□（き）がいしゃで はたらきます。

③ この □（ひと）の □（き）もちは □（わ）かりません。

④ □□（せんせい）は □□（にんき）が あります。

⑤ □□（てんき）よほうに よると □□（てんき）が いい

そうです。

D Corrigez les erreurs de graphie, en réécrivant les composés suivants :

~~学校~~ ↓ □ ~~天気~~ ↓ □ ~~今年~~ ↓ □ ~~父母~~ ↓ □

066		067	
雨	あめ pluie (ウ)	雪	ゆき neige (セツ)

A **Notez la prononciation des *kanji* en *hiragana* entre parenthèses :**

① (　　)今年の なつは よく (　　)雨が ふります。

② (　　)大雪で (　　)車と バスが はしりません。

③ (　　)子どもは (　　)雪だるまを つくりました。

④「(　　)雪ぐに」という (　　)本を よみましたか。

B **Écrivez les *kanji* suivants dans les cases :**

一 冂 冂 币 币 雨 雨 雨 (8)						一 ⺈ 𠔿 帀 帀 雪 雪 雪 (11)					
✎						✎					

あめ □

おおあめ □□

うてん □□

ゆき □

おおゆき □□

ゆきお □□

C Écrivez en *kanji* les mots des phrases suivantes dans les cases :

きょう　　てんき
① □□は □□よほうに よると はれ
ときどき　あめ
□□ □です。

こ と し　　　　　　　　が つ　　ゆ き
② □□の おしょう□は □が ふりまし
き ぎ　　　　　　　　　　　　　　ひ と
た。□□が まっしろに なりました。□
び と　　て
□は □ぶくろを はめて、バスを まって
は や
います。□く あたたかい うちへ かえりま
す。

D Associez les *kanji* par paire, en fonction de leur signification :

雨 ·		· 月
男 ·		· 来
行 ·		· 雪
日 ·		· 女

068		069	
電	(デン) électricité	物	もの chose ; objet (ブツ、モツ)

A Notez la prononciation des *kanji* en *hiragana* entre parenthèses :

① (　　)電車の (　　)中で (　　)電わの ベルが なりました。

② この (　　)車は (　　)電気を つかいます。

③ どんな たべ(　　)物が (　　)一ばん (　　)好きですか。

④ (　　)本とうの き(　　)物は きれいです。

B Écrivez les *kanji* suivants dans les cases :

一 ㇒ 戸 帀 雨 雨 雷 電 (13)						ノ ㇐ 十 牛 牜 牞 物 物 (8)					
✎						✎					

でんき □□

でんしゃ □□

でん □わ

もの □

くだ もの □

たて もの □

C **Écrivez en *kanji* les mots des phrases suivantes dans les cases :**

もの　なん
① あの まるい □は □ですか。

もつ
② この に□は おもいです。

もの　からだ
③ くだ□は □に いいです。

けんぶつ　いちにち
④ パリの □□を □□で しました。

もの　こう　い
⑤ かい□を してから ぎん□に □きます。

D **Écrivez quatre *kanji* permettant de former quatre mots composés qui partagent le même caractère final :**

070		071	
糸	いと fil (シ)	貝	かい coquillage (-がい)

A **Notez la prononciation des *kanji* en *hiragana* entre parenthèses :**

① ( )( ) ( )
男の子は 貝がらを ひろいます。

② ( )
ムール貝と フライドポテトを たべました。

③ ( )
糸を きります。

④ ( )
この いえに くもの 糸が たくさん あります。

B **Écrivez les *kanji* suivants dans les cases :**

く 幺 幺 糸 糸 糸 (6)						丨 冂 冃 月 目 貝 貝 (7)					
✎						✎					

いと
□

いと
け□

かい
□

がい
ムール□

かい
□がら

がい
ほたて□

C **Écrivez en *kanji* les mots des phrases suivantes dans les cases :**

① この □（いと）を ひくと、□□（でんき）が つきます。

② け□（いと）の セーターは あたたかいです。

③ □（かい）がらの □（なか）で 海（うみ）の おとが きこえます。

④ こい□（びと）の あいだに あかい □（いと）が あります。

D **Associez un composant grisé avec un ou deux blanc(s). Ces éléments peuvent être utilisés plusieurs fois. Quels sont les *kanji* ainsi formés ?**

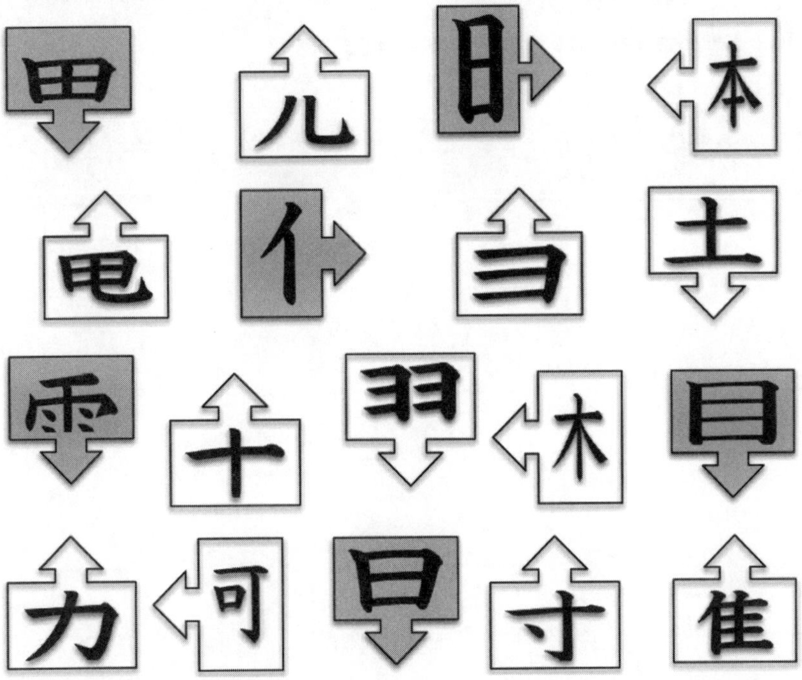

072		073	
買	[-を] かう acheter (バイ)	売	[-を] うる vendre (バイ)

A **Notez la prononciation des *kanji* en *hiragana* entre parenthèses :**

① (　　)買い(　　)物に (　　)行きました。しかし、お(　　)金が (　　)足りませんでした。(　　)何も (　　)買いませんでした。

② 家(いえ)を やすく (　　)買って、たかく (　　)売りました。

③ あの (　　)物は どこで (　　)売って いますか。

B **Écrivez les *kanji* suivants dans les cases :**

冂 罒 罒 罒 罒 冐 買 買 (12)						一 十 士 声 声 声 売 (7)					
✎						✎					

□う (か)　　□い□ (か、もの)　　□る (う)

□りば (う)　　□り□ (う、もの)　　□てん (ばい)

C Écrivez en *kanji* les mots des phrases suivantes dans les cases :

こ　やま　　　　　　　　　　　ほん　　いち
① □□さんは　この　ふるい　□を　□
まんえん　　か　　　にまんえん　　う
□□で　□って、□□□で　□
りました。

ちち　　　　　　　　　　　　　　う
② □の　かいしゃは　いえや　アパートを　□
　　か
ったり　□ったり　する　かいしゃです。

ばい　　　う　もの　　にほん
③ □てんの　□り□は　□□の　ざっ
しや　しんぶんなどです。チューインガムや
　　　　　　もの　う
サンドイッチや　のみ□も　□って　います。

や　お　　　　　　　もの　う
④ □□やさんの　くだ□□りばで　さく
　　　　　　　か
らんぼうを　たくさん　□いました。

ほん　　ほん　　　　　か
⑤ □やで　□を　たくさん　□いました。

074		075	
入	[-が] はいる ㊄ entrer [-を] いれる mettre dedans ; faire entrer (ニュウ)	出	[-を*] でる sortir [-を] だす sortir ; envoyer [-が] でかける sortir (シュツ) * -を sert à indiquer l'éloignement

A **Notez la prononciation des *kanji* en *hiragana* entre parenthèses :**

① (　　) 入口は どこですか。

② この かばんに この (　　) 本は (　　) 入りません。

③ いえから (　　) 八時に (　　) 出ます。

④ (　　) 出口は あちらです。

B **Écrivez les *kanji* suivants dans les cases :**

ノ 入 (2)						丨 十 屮 出 出 (5)					
✎						✎					

はい □る　　い □れる　　いりぐち □□

で □る　　だ □す　　でぐち □□

C Écrivez en *kanji* les mots des phrases suivantes dans les cases :

① これは □□（にほん）の おもい□（で）です。

② □□（やまぐち）さんは きのう □（にゅう）いん しました。

③ □□（せんせい）が □（しゅっ）せきを とります。

④ □□（すいよう）に リサイクルの ごみを □（だ）します。

⑤ □（しゅっ）ぱつの □（ひ）が ちかいです。

⑥ □（て）がみを ゆうびんばこに □（い）れます。

D Reliez les deux parties de chaque propositions :

いえから ・		・ 入れます。
ごみを ・		・ 出かけます。
コップに水を ・		・ 入ります。
きょうしつに ・		・ 出ます。
ちかてつのえきから ・		・ 出します。

076		077	
食	[-を] たべる manger (ショク)	飲	[-を] のむ boire ; avaler (イン)

A **Notez la prononciation des *kanji* en *hiragana* entre parenthèses :**

① 何時に ( ) 朝ごはんを ( ) 食べますか。( )

② 食じの ( ) 時かんです。( )

③ お飲み物は ( )( ) 何に ( ) しますか。

④ この 子は ( ) ミルクは 飲みません。( )

B **Écrivez les *kanji* suivants dans les cases :**

𠆢 亽 今 今 食 食 食 (9)	飠 飠 飠 飠 飲 飲 飲 (12)
✎ □ □ □ □ □	✎ □ □ □ □ □

□(た)べる　□(た)べ□(もの)　□(しょく)じ

□(た)べかた　□(の)む　□(の)み□(もの)

C **Écrivez en *kanji* les mots des phrases suivantes dans les cases :**

① パンを □(た)べて、ジュースを □(の)みます。

② おはしで □(た)べる ことは できません。

③ □(の)み□(みず)を もって□(き)て もらいました。

④ まい□(にち) □(がく)□(せい)□(しょく)どうで □(た)べます。

D **Trouvez la sortie en jouant à marabout de ficelle avec la prononciation *on* ou *kun* des *kanji* en y incluant les *okurigana*, dans le sens horizontal, vertical, ou diagonal. Commencez par ちち puis continuez par ちいさい, etc. Grisez les cases !**

入口→		父	天	雪	水	耳
上	九	小	今	万	行	見
男	十	糸	時	金	口	車
子	女	分	木	大	百	円
年	何	中	体	休	一	力
下	二	金	足	山	電	来
半	母	早	物	先	出口	

078		079	
飯	(ハン) riz cuit ; repas	作	[-を] つくる fabriquer (サク)

A **Notez la prononciation des *kanji* en *hiragana* entre parenthèses :**

① ひるご飯( )を 食( )どうで 食( )べます。

② あさご飯( )に なっとうを 食( )べます。

③ かつどんの 作( )りかたを おしえて ください。

④ 来( )しゅうの しゅくだいは 作( )ぶんです。

B **Écrivez les *kanji* suivants dans les cases :**

飯		作	
𠆢 亼 今 食 飠 飣 飯 飯	(12)	ノ イ 亻' 作 作 作 作	(7)

ご□ (はん)　あさご□ (はん)　ひるご□ (はん)

□る (つく)　□りかた (つく)　□ぶん (さく)

C **Écrivez en *kanji* les mots des phrases suivantes dans les cases :**

① ばんご□（はん）は □□（なんじ）に たべますか。

② ご□（はん）と うめぼしで □（ひ）のまるべんとうを □（つく）ります。

③ きのうの のこりご□（はん）で おむすびを □（つく）ります。

④ □□（てづく）りの りょうりは おいしいです。

⑤ この □（さっ）かは とても ゆうめいです。

D **Indiquez entre parenthèses le numéro du trait grisé :**

来（ ） 母（ ） 足（ ）

食（ ） 電（ ） 耳（ ）

080		081	
言	[-を ou -と] いう dire (こと) (ゲン、ゴン)	読	[-を ou -と] よむ lire (ドク)

A **Notez la prononciation des *kanji* en *hiragana* entre parenthèses :**

① これは (　　)日本ごで (　　)何と (　　)言いますか。

② この (　　)言いかたは (　　)分かりません。

③ (　　)電車の (　　)中で (　　)本を (　　)読みました。

④ (　　)私は (　　)読しょが (　　)大好きです。

B **Écrivez les *kanji* suivants dans les cases :**

言 (7)						読 (14)					
✎						✎					

□(い)う　　□(い)いかた　　□(こと)ば

□(よ)む　　□(よ)みかた　　□(どく)しょ

C **Écrivez en *kanji* les mots des phrases suivantes dans les cases :**

① よく あたらしい □(こと)ばを つくります。

② □(どく)しゃから □(て)がみを もらいました。

③ □□(ひとこと)で □(い)うと、□(てん)さいです。

④ この かんじの □(よ)みかたを わすれました。

⑤ ようじが あるから、□(こ)ないと □(い)いました。

D **Ces *kanji* sont incorrects. Il s'agit d'erreurs très courantes.**
Corrigez-les en les réécrivant pour en maîtriser parfaitement le tracé :

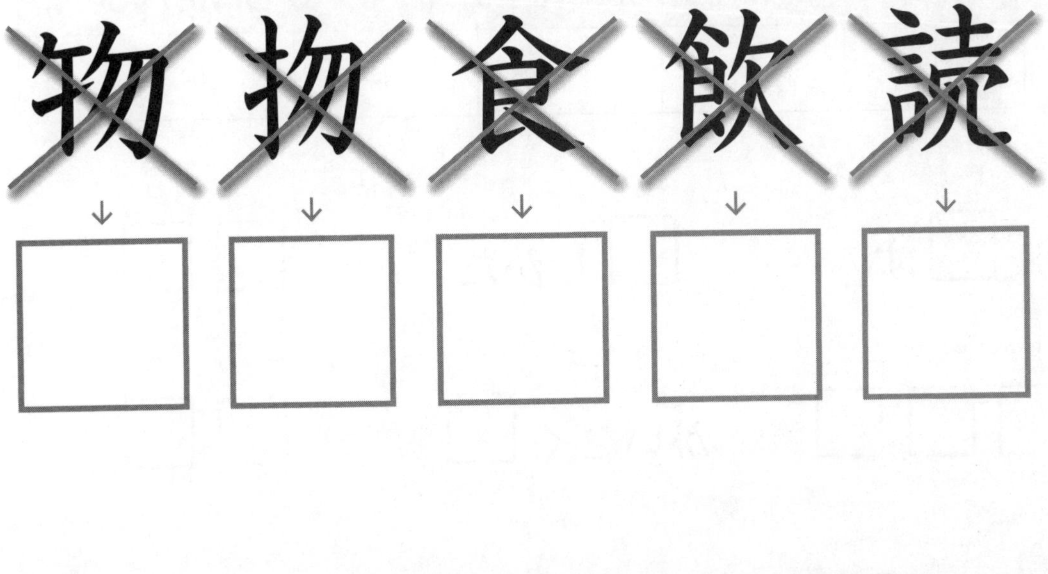

082		083	
話	[-を] はなす parler (ワ)	語	[-を] かたる raconter (ゴ) langue ; raconter

A **Notez la prononciation des *kanji* en *hiragana* entre parenthèses :**

① これは おもしろい (　　) 話です。

② (　　) 一年まえから (　　) 日本語の べんきょうを はじめました。

③ (　　) 電話で ともだちと (　　) 話を します。

B **Écrivez les *kanji* suivants dans les cases :**

言 言 訁 訂 訂 計 話 話 話 (13)						言 訁 訂 訂 語 語 語 語 (14)					

はな □す　　はな □しかた　　でんわ □□

にほんご □□□　　ご がいごく□　　げんご □□

C Écrivez en *kanji* les mots des phrases suivantes dans les cases :

としうえ　ひと　はな　とき　はな
① □□の□に□す□、□しかたに

き　はな
□を つけて、ていねいに □しましょう。

げんご　だいす
② □□の べんきょうが □□きです。

わ
③ かい□を ききます。

ご　ご
④ えい□と フランス□を ならって います。

ねん　わ
⑤ きょ□は おせ□に なりました。

D Chaque année, ont lieu des concours de création de *kanji*. Ils ne sont pas utilisés officiellement, mais on peut en deviner la signification.

084		085	
書	[-を ou -と] かく écrire (ショ)	立	[-が] たつ se lever [-を] たてる mettre debout ; établir (リツ)

A Notez la prononciation des *kanji* en *hiragana* entre parenthèses :

① まいしゅう、( )父と ( )母に ( )手がみを ( )書きます。

② ( )立山さんは ( )読書が ( )好きです。

③ ( )私立と( )書かんで ( )じ書を つかいます。

④ ( )三時かんも ( )電車の ( )中で ( )立っていました。

B Écrivez les *kanji* suivants dans les cases :

㇇ ⺕ ⺕ 聿 聿 書 書 (10)						` 亠 亣 立 立 (3)					
✎						✎					

(か) □く　　きょうか(しょ) □　　じ(しょ) □

(どくしょ) □□　　(た) □つ　　(しりつ) □□

C **Écrivez en *kanji* les mots des phrases suivantes dans les cases :**

① □□（せんせい）は きょうだんに □（た）って いつも □（はな）して います。

② □□（たつた）さんは □（いま） □（た）ちました。

③ この じの □（か）きかたを おしえて ください。

④ ここに □（な）まえを □（か）いて ください。

⑤ この きょうか□（しょ）は やくに □（た）ちます。

D **Reconstituez les 7 cartes de *kanji* découpés en deux morceaux :**

086		087	
門	モン porte ; portail	聞	[-を ou -と] きく écouter ; demander [-が] きこえる entendre (ブン)

A **Notez la prononciation des *kanji* en *hiragana* entre parenthèses :**

① 車(　　)は 大(　　)きな 門(　　)から はいります。

② 校門(　　)は 十時(　　)に しまります。

③ この かい話(　　)を 聞(　　)いて ください。

④ まいあさ しん聞(　　)を 読(　　)みます。

B **Écrivez les *kanji* suivants dans les cases :**

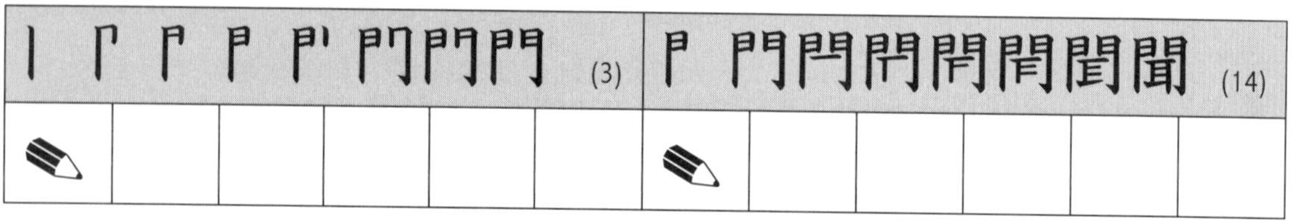

もん □　　こうもん □□　　せんもん □

き □く　　き □こえる　　しんぶん □□

C **Écrivez en *kanji* les mots des phrases suivantes dans les cases :**

① □□（ひたち）さんの せん□（もん）は 何ですか。

② きれいな おんがくを □（き）きます。

③ とりの こえが □（き）こえます。

④ となりの へやから おんがくが □（き）こえます。

⑤ □□（こうもん）の ベルを ならします。

D **Reliez les *kanji* par paire en les associant en fonction de leur signification :**

088		089	
家	いえ、うち maison (カ) maison ; expert	間	あいだ pendant ; entre ま pièce ; intervalle (カン、ケン)

A **Notez la prononciation des *kanji* en *hiragana* entre parenthèses :**

① まい日(　)何時に(　)家に(　)かえりますか。

② その作家は(　)大きい(　)家に(　)すんで います。

③ 立川さんは(　)何人家ぞくですか。(　)

④ きのう ながい間(　)本を(　)読みました。(　)

B **Écrivez les *kanji* suivants dans les cases :**

丶 丷 宀 宀 宁 宇 家 家 家 (10)						丨 ⺆ 冂 門 門 門 門 間 (3)					
✎						✎					

いえ □

か □ぞく

さっか □□

あいだ □

じかん □□

ま □ちがい

C Écrivez en *kanji* les mots des phrases suivantes dans les cases :

にほんご　じかん
① □□□の □□です。

あいだ　でんしゃ
② とうきょうと きょうとの □に □□
が あります。

いとぐち　いえ
③ □□さんの □を しって いますか。

がっこう　やす　いっ　かん
④ □□の □みは □しゅう□です。

ま
⑤ □ちがいを たくさん しました。

D Grisez les cases des chiffres pairs, vous obtiendrez un *kanji* :

九	五	七	五	三	五	六	一	三	五	一	九	三
六	二	四	六	四	二	六	四	二	四	六	四	六
四	五	三	七	一	五	五	一	七	五	九	五	六
六	五	六	四	六	四	二	六	四	六	四	九	六
七	五	三	五	五	八	五	七	五	九	七	五	七
九	七	一	五	二	四	二	九	五	七	八	五	七
七	三	五	四	五	九	六	八	七	六	五	三	九
五	九	六	一	三	四	三	七	二	九	五	一	九
五	四	九	五	四	五	五	六	六	四	一	三	五
二	五	九	二	七	五	八	三	二	九	八	五	九
七	五	四	一	五	四	一	七	六	三	五	二	五
五	四	五	七	二	一	七	四	九	五	七	五	五
五	七	五	四	七	四	八	五	五	三	五	一	三

090		091	
右	みぎ droit (ユウ)	左	ひだり gauche (サ)

A **Notez la prononciation des *kanji* en *hiragana* entre parenthèses :**

① (　)日本は (　)車は (　)左がわを はしります。ですから、みちを わたる(　)時、まず (　)右を (　)見ます。

② テニスで (　)右手で うちます。

③ (　)左足で ボールを けります。

B **Écrivez les *kanji* suivants dans les cases :**

ノナ十右右 (5)						一ナ左左左 (5)					
✎						✎					

みぎ □

みぎ て □□

みぎ あし □□

ひだり □

ひだり て □□

ひだり あし □□

C Écrivez en *kanji* les mots des phrases suivantes dans les cases :

① ぎんこうの あと、□（みぎ）に まがって ください。

② □（みぎ）がわは □□（やまぐち）さんの □（いえ）です。

③ □（ひだり）に □（ち）さい □（た）んぼが あります。

④ □（わたし）は □□（ひだりて）で じを □（か）きます。

D Choisissez le bon ordre des traits :

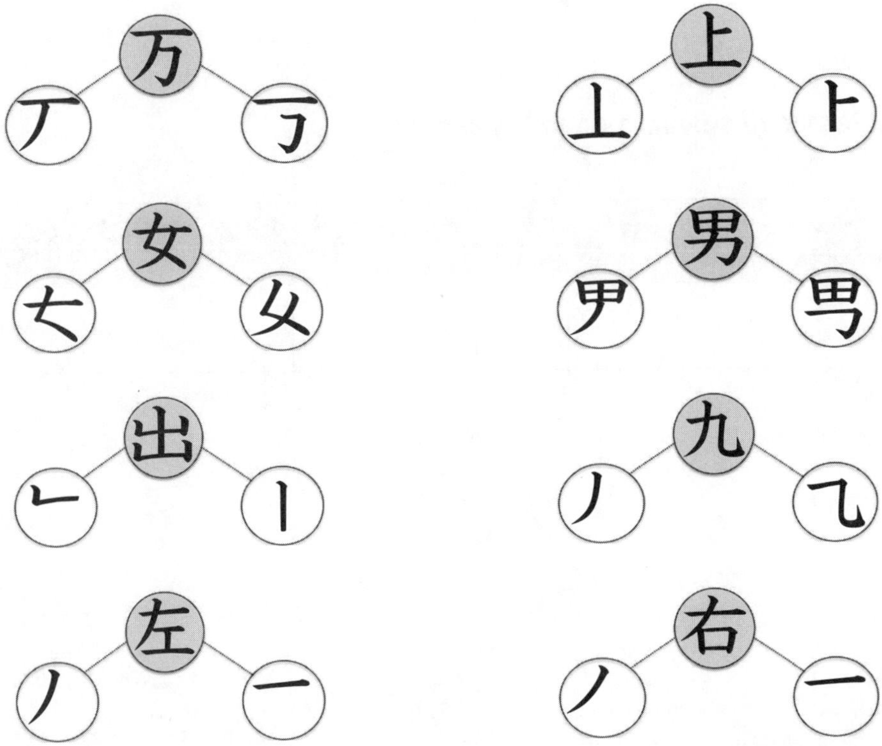

092	まえ avant ; devant (ゼン)	093	あと après うしろ derrière (ゴ、コウ)
前		後	

A **Notez la prononciation des *kanji* en *hiragana* entre parenthèses :**

① (　　) 家の (　　) 前に (　　) 小さい にわが あります。

② (ご前九時十五分前) の (電車) に のります。

③ まい (日)、(ご後) スポーツを やります。

④ (　　) 車の (　　) 後ろの せきに すわります。

B **Écrivez les *kanji* suivants dans les cases :**

丷 䒑 广 䒒 肖 前 前 (9)						ノ 彳 彳 彳 𢓜 𢓜 後 後 後 (9)					
✎						✎					

まえ □　　な まえ □　　ご ぜん □

あと □　　うし □ ろ　　ご ご □

C Écrivez en *kanji* les mots des phrases suivantes dans les cases :

まえだ　　いちじかんまえ
① □□さんは □□□□に かえりました。

まえ　なん
② おな□は □ですか。

ぜん　ご　み
③ ご□も ご□も えいがを □る ことが できます。

ぜんじゅうじはん
④ ご□□□□の バスに のります。

ごしちじはん　き
⑤ ご□□□□に ラジオを □きます。

あと
⑥ その□ テニスを しましょう。

D Complétez les grilles de manière à ce que le total des traits par ligne soit de 18 à l'horizontal, la verticale et dans la grande diagonale :

時東前
先十→

千		本
		木
来		

後何
百書三
二→

金		五
		四

094		095	
内	うち intérieur (ナイ)	外	そと extérieur ; dehors (ガイ、ゲ)

A **Notez la prononciation des *kanji* en *hiragana* entre parenthèses :**

① 黄色(きいろ)い せんの (　　)内がわを 歩(ある)いて ください。

② (　　)天気が いい(　　)時、(　　)学生は (　　)外で べんとうを (　　)食べます。

③ (　　)外こく(　　)語が(　　)好きです。

B **Écrivez les *kanji* suivants dans les cases :**

丨 冂 内 内 (4)						ノ ク タ 夕 外 (5)					
✎						✎					

□(うち)がわ　　あん□(ない)する　　□□(かない)

□(そと)　　□(がい)こく　　かい□(がい)

C Écrivez en *kanji* les mots des phrases suivantes dans les cases :

① □（か）□（ない）は □（いま） □（いえ）に いません。

② □（がい）こく□（じん）は ビザが ひつようです。

③ □（がい）□（しょく）は レストランで □（た）べる ことです

④ フランス□（ご）は れい□（がい）が おおいです。

⑤ この もんだい い□（がい） ぜんぶ こたえました。

⑥ □（そと）で □（ゆき）だるまを □（つく）ります。

⑦ まちを あん□（ない） しましょう。

D Comment écrivez-vous les mots soulignés :

① いつか、<u>うち</u>［a. 内／b. 家］へ 来て ください。

② さとうが もう <u>ない</u>［a. ない／b. 内］です。

③ コートの <u>うち</u>［a. 内／b. 家／c. うち］がわに ポケットが あります。

096		097	
犬	いぬ chien (ケン)	馬	うま cheval (バ)

A **Notez la prononciation des *kanji* en *hiragana* entre parenthèses :**

① となりの (　) 家の (　) 犬は かわいいです。

② (　) 家の (　) 前の にわに (　) 犬小やを (　) 作りました。

③ この (　) 馬は (　) 耳が (　) 立って います。

④ (　) 来年は (　) 犬年に なります。

B **Écrivez les *kanji* suivants dans les cases :**

一ナ大犬 (4)						丨 厂 𠃋 𠀋 馬馬馬 (10)					
✏						✏					

いぬ □　　いぬご □□や　　いぬどし □□

うま □　　ばしゃ □□　　じょう ば □

C **Écrivez en *kanji* les mots des phrases suivantes dans les cases :**

① □(うま)に ついての え□(ほん) です。

② あの □(いぬ)の □(あし)と □(みみ)は しろいです。

③ □□(うま)に のる ことが □□(だいす)きです。まいしゅう、じょう□(ば)を やります。□□(ときどき)、□□(ばしゃ)にも のります。

④ □(ちち)は □□(うまどし)に □(う)まれました。

D **Achevez les *kanji* suivants. L'élément manquant est commun à tous :**

098	とり oiseau (チョウ)	099	さかな poisson (ギョ)
鳥		魚	

A **Notez la prononciation des *kanji* en *hiragana* entre parenthèses :**

① あさ、( )鳥の こえが ( )聞こえます。

② おや( )子どんぶりは たまごと ( )鳥にくが ( )入って います。

③ ( )日本人は ( )生の ( )魚を ( )食べます。

B **Écrivez les *kanji* suivants dans les cases :**

ノ 亻 白 白 白 鳥 鳥 鳥 (11)						ノ ク 久 各 角 角 角 魚 (11)					
✎						✎					

とり □　　とり □にく　　はく ちょう □

さかな □　　さかな □や　　きんぎょ □□

C Écrivez en *kanji* les mots des phrases suivantes dans les cases :

① □(さん)びきの □□(きんぎょ)が およいで います。

② あの きれいで しろい □(とり)は はく□(ちょう)です。

③ ばんご□(はん)は □(とり)にくが いいですか。 それ

とも □(さかな)が いいですか。

④ こうえんで □(いぬ)が □(とり)を おどかします。

⑤ うみ□(うま)と いう どうぶつを しって いますか。

⑥ クリスマスに □(しち)めん□(ちょう)を □(た)べます。

⑦ 『□(ひ)の □(とり)』は ゆうめいな まんがです。

⑧ □(さかな)やで さしみを □(か)いました。

100		101	
牛	うし vache ; bœuf (ギュウ)	肉	ニク viande

A **Notez la prononciation des *kanji* en *hiragana* entre parenthèses :**

① (　)日本は (　)牛が すくないです。

② まいあさ (　)牛にゅうを (　)飲みます。

③ (　)牛の (　)肉を (　)牛肉と (　)言います。

④ この (　)肉やの (　)鳥肉は おいしいです。

B **Écrivez les *kanji* suivants dans les cases :**

ノ 𠂉 牛 牛 (4)						丨 冂 内 内 肉 肉 (6)					
✎						✎					

うし □　　ぎゅう □にゅう　　にく □

ぎゅうにく □□　　とりにく □□　　にく □や

C Écrivez en *kanji* les mots des phrases suivantes dans les cases :

① □□（うしだ）さんは □（さかな）りょうりより □（にく）りょうりが □（す）きです。□□（うしやま）さんは □（にく）より □（さかな）の ほうが □（す）きです。

② こうべの □□（ぎゅうにく）は ゆうめいで、こうべ□（ぎゅう）と □（い）います。

③ □（わたし）は、□（にく）は □（た）べません。

D Reliez les symboles et les *kanji* correspondants :

A.	B.	C.	D.	E.	F.	G.	H.

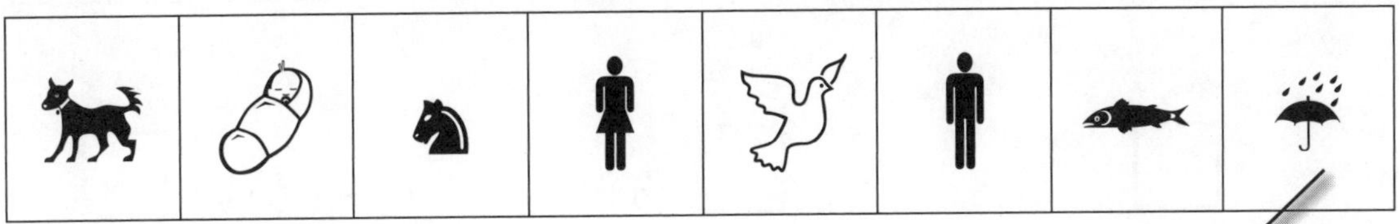

a.	b.	c.	d.	e.	f.	g.	h.
子	馬	女	犬	魚	鳥	雨	男

102		103	
道	みち chemin (ドウ、トウ)	駅	エキ gare ; station ; relais

A **Notez la prononciation des *kanji* en *hiragana* entre parenthèses :**

①「駅( )は どこですか」と 道( )を 聞( )きました。

② 糸山( )さんは じゅう道( )が つよいです。

③ 駅( )の 前( )に コンビニが あります。

④ 駅前( )の スーパーで 買( )い物( )を します。

B **Écrivez les *kanji* suivants dans les cases :**

丷 䒑 丷 首 首 首 道 道 (12)						𠄌 𠃍 馬 馬 馬 駅 駅 駅 (14)					
✎						✎					

みち □　　どう □ろ　　ほっかい どう □

えき □　　えきまえ □□　　えき □の ひと □

C **Écrivez en *kanji* les mots des phrases suivantes dans les cases :**

① □(えき)までの □(みち)が □(わ)かりません。□(み)□(た)さんは □(えき)から □(いえ)までの ちずを □(か)きました

② じんじゃは しん□(とう)です。

③「□(み)□(た)□(えき)で おりますか」と □(えき)いんさんに □(き)きました。

④ □(やす)みに ほっかい□(どう)を りょ□(こう) しました。

⑤ □(えき)いんが □(で)□(ぐち)を おしえます。

⑥ むかし、□(うま)に のって とうかい□(どう)を たびしました。

104		105	
毎	(マイ-) (préfixe) chaque	朝	あさ matin (チョウ)

A **Notez la prononciation des *kanji* en *hiragana* entre parenthèses :**

① あの (　) 人は (　) 毎年 (　) 日本に かえります。

② (　) 馬道さんは (　) 毎朝 (　) 電車で (　) 来ます。

③ (　) 朝ご (　) 飯は パンに しますか、ご (　) 飯に しますか。

④ (　) 土曜日から (　) 今朝まで ストライキでした。

B **Écrivez les *kanji* suivants dans les cases :**

ノ 𠂉 𠂉 𠂉 毎 毎 (6)						一 十 吉 亘 卓 朝 朝 朝 (12)					
✎						✎					

まいにち □□　　まいつき □□　　まいとし □□

あさ □　　けさ □□　　まいあさ □□

C **Écrivez en *kanji* les mots des phrases suivantes dans les cases :**

あさ　はや
① □□く おきます。

まいとし　がつ
② □□、おしょう□に きこく します。

けさ　くじはん　いえ　で
③ □□、□□□に □を□て、

がっこう　い
□□に □きました。

まいにち　み
④ □□ ニュースを テレビで □ます。

D **Écrivez cinq *kanji* différents permettant de former cinq mots composés qui partagent le même caractère initial :**

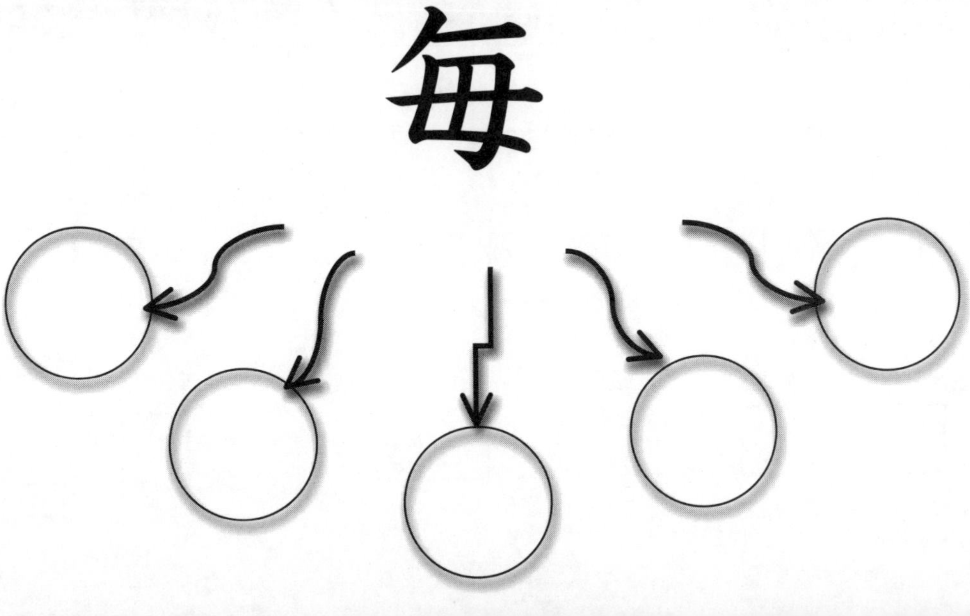

106		107	
午	(ゴ) midi	昼	ひる midi ; jour (チュウ)

A **Notez la prononciation des *kanji* en *hiragana* entre parenthèses :**

① と書かん( )は 午前( ) 十時( )から あきます。

② 午後( )は 昼( )ねを します。

③ 昼休( )みは ともだちと 屋上(おく　)で べんとうを 食( )べます。

B **Écrivez les *kanji* suivants dans les cases :**

ノ ⺈ 𠂉 午 (4)	㇇ ⺕ 尸 尺 尽 屆 昼 昼 昼 (9)
✏ □ □ □ □ □	✏ □ □ □ □ □

ごぜん □□　ごご □□　ひる □

ひるはん □ご□　ひるやす □□み　ちゅうしょく □□

C Écrivez en *kanji* les mots des phrases suivantes dans les cases :

まいにち　ごぜんちゅう　　がっこう
① □□□□□は、□□があります。

あと　ごご　　　　　　　い
その □、□□は 部活(ぶかつ)へ □きます。

ちゅうしょく　　じかん
② □□は あまり □□が ありません。

た
ですから、かいしゃで □べます。

きょう　ちゅうしょく　　　　なん
③ □□の□□の メニューは□ですか。

ひる
④ お□の ベルが なります。

ひる　はん　　　　た
⑤ □ご□に おそばを □べました。

D Des erreurs se sont glissées dans les mots suivants, corrigez-les :

午肉	→ □		昼体み	→ □		牛後	→ □
昼飲	→ □		飯べ物	→ □		雪車	→ □

108		109	
夜	よる nuit ; soir (よ) (ヤ)	夕	(ゆう) soir

A **Notez la prononciation des *kanji* en *hiragana* entre parenthèses :**

① (　)夜 (　)十時に ねます。

② (　)夜中、(　)電話を しては いけません。

③ (　)今夜、(　)大雨が ひどく ふると (　)言いました。

④ (　)夕がたから (　)雪が すこし ふりました。

B **Écrivez les *kanji* suivants dans les cases :**

丶 亠 广 亻 疒 夜 夜 夜 (8)						ノ ク タ (3)					
✎						✎					

よる □

よなか □□

こんや □□

ゆう □べ

ゆう □がた

よなか ま□□

C Écrivez en *kanji* les mots des phrases suivantes dans les cases :

① □（なつ）の □（よる）は あついです。

② □□□（にちようび）の □（よる）に □（いえ）に かえります。

③ この □（いぬ）は □（ひる）も □（よる）も まって いました。

④ □（ゆう）べ、ま□□（よなか）に □（おお）きな サイレンが □（き）こえました。

D Choisissez un *kanji* dans le rectangle pour en créer de nouveaux :

カタ子子子大父口内日日日木目本貝耳早売馬

𦘒	木𠂉	尺一	𧘇	十月
罒	亻	𠆢	、	言
女	門	田	儿	⺍
亠	ナ	尺	亻	門

110		111	
晩	バン soir	週	シュウ semaine

A **Notez la prononciation des *kanji* en *hiragana* entre parenthèses :**

① (　　)今晩、(　　)家ぞくと(　　)一緒(しょ)に えいがに(　　)行きます。

② (　　)毎晩、ニュースを(　　)見ます。

③ (　　)毎週、プールで およぎます。

④ (　　)先週、あねと バーゲンへ(　　)行きました。

B **Écrivez les *kanji* suivants dans les cases :**

日 旷 旷 旷 晗 晗 晗 晩 (12)						冂 月 用 用 周 周 调 週 (11)					
✎						✎					

ばん □

こんばん □□

まいばん □□

しゅうかん □□

こんしゅう □□

せんしゅう □□

C Écrivez en *kanji* les mots des phrases suivantes dans les cases :

らいしゅう　かようび　はちがつついたち

① □□の □□□、□□□□

はは　じょうび

です。□の たん□□です。

しゅう　いえ

② □まつは、ともだちの □に とまります。

に しゅうかん　こう

③ □□□ りょ□を しました。

ばん　はん　か　た

④ □ご□を □ぞくと □べます。

D Écrivez quatre *kanji* permettant de former quatre mots composés qui partagent le même caractère final :

112		113	
春	はる printemps (シュン)	夏	なつ été (カ)

A **Notez la prononciation des *kanji* en *hiragana* entre parenthèses :**

① きょ年（　）の 春（　）の 天気（　）は よく なかったです。

② 春（　）と 夏（　）は 一（　）ばん 好（　）きな きせつです。

③ 今年（　）は 夏休（　）みが ながいです。

④ 春男（　）さんは 春休（　）みに スキーを しました。

B **Écrivez les *kanji* suivants dans les cases :**

一 三 𡗗 夫 𡗗 春 春 春 (9)						一 丆 丆 丙 百 頁 夏 夏 (10)					

はる □

はるやす □□み

はるこ □□

なつ □

なつやす □□み

なつ ま□

C **Écrivez en *kanji* les mots des phrases suivantes dans les cases :**

① もう □（はる） に なりました。

② □□（ことし） ながい □□（なつやす） みを すごしました。

③ □（はる） の おわりから □（なつ） の はじめまで □（あめ）

が おおく ふります。

D **Fabriquez le plus de *kanji* possible en associant deux ou trois des composants ci-dessous. Ils peuvent être utilisés plusieurs fois. Trouvez en outre l'élément commun à tous ces *kanji*.**

114		115	
秋	あき automne (シュウ)	冬	ふゆ hiver (トウ)

A **Notez la prononciation des *kanji* en *hiragana* entre parenthèses :**

① (　　)日本の (　　)秋は (　)気もちが いい (　　)天気です。

② (　　)秋田(けん)犬は (　　)大きい (　　)犬です。

③ (　　)秋田(けん)県は (　　)冬、(　　)大雪が ふります。

④ (　　)冬休みは (　　)家ぞくと スキーへ (　　)行きました。

B **Écrivez les *kanji* suivants dans les cases :**

一 ニ 千 禾 禾 禾' 秒 秋 (9)						ノ ク 夂 冬 冬 (5)					
✎						✎					

あき □

ふゆやす □□み

しゅうとう □□

ふゆ □

しゅんかしゅうとう □□□□

あきこ □□

C Écrivez en *kanji* les mots des phrases suivantes dans les cases :

あ き や ま あ き　お　　しゅん　か　しゅう と う

① □□□□さんは □□□□

は ん　　はん

□そでを きて □ズボンを はいて います。

ふ ゆ や す

② □□みに スキーを します。

あ き　つ き み

③ □は □□を します。

D Complétez le *sûdoku* suivant avec les *kanji* proposés dans le rectangle en fonction du nombre de traits. Chaque nombre de 1 à 9 n'apparaît qu'une fois par carré de 3 et par ligne verticale ou horizontale.

4×三	4×金	3×二	4×百	4×食
3×一	4×四	2×五	4×貝	

口	一	前			目	来		中
		学	春		一	九		立
冬	何			月	山		秋	
	先	一	半	八			六	見
日	後			行			一	人
車	入			女	円	気	門	
	雨		大	一			出	好
昼		年	物		十	火		
一		男	今			夜	七	万

116		117	
東	ひがし est (トウ)	西	にし ouest (セイ、サイ)

A Notez la prononciation des *kanji* en *hiragana* entre parenthèses :

① (　)東きょうの (　)東からも (　)西からも ふじ山が (　)見えます。

② この (　)道を (　)西の (　)方へ (　)行きます。

③ (　)大西ようは アメリカの (　)東に あります。

B Écrivez les *kanji* suivants dans les cases :

一 丅 ㇇ 戸 目 申 東 東 (8)	一 丅 冂 丙 西 西 (6)

ひがし □

とう □きょう

ひがしぐち □□

にし □

せい □よう じん □

たいせい □□よう

C Écrivez en *kanji* les mots des phrases suivantes dans les cases :

きょう　ひがし
① □□は □から とても さむい

ゆき
かぜが ふきますから、□に なるでしょう。

ひがし　ばん　あめ
② かぜは □ですから、□までに □に

なるでしょう。

ひと　せい　じん
③ あの □は □よう□の ともだちです。

でぐち　にしぐち　ひがしぐち　はい
④ □□は □□です。□□は □る

だけです。

**D Les kanji suivants contiennent dans leur tracé un chiffre caché.
Classez-les par ordre croissant et trouvez les deux chiffres manquants :**

西　校　分　十

古　元　春　語

118		119	
南	みなみ sud (ナン)	北	きた nord (ホク)

A **Notez la prononciation des *kanji* en *hiragana* entre parenthèses :**

① (　)駅の (　)南口から (　)出ると、公園(こうえん)が あります。

② (　)北山さんは (　)来週 (　)東北へ (　)行きます。

③ おきなわは (　)日本の (　)南の しまです。

④ (　)北国は (　)春が おそいです。

B **Écrivez les *kanji* suivants dans les cases :**

一 十 亠 冂 冂 冂 冂 南 南 (9)	一 ㅓ ㅕ ㅕ 北 (5)

みなみ □

みなみぐち □□

きた □

ほっ□かい□どう

とうほく □□

とうざいなんぼく □□□□

C Écrivez en *kanji* les mots des phrases suivantes dans les cases :

① □□(にほん)の まちの ちずは □(うえ)が □(きた)では ありません。

② □(わたし)の ペンフレンドは □□(みなみぐち) □□(はるこ) さん と□(い)う □(ひと)です。

③ □□(とうほく)しんかんせんに のって、□(うえ)野(の)□(えき) から もりおか□(えき)まで □(い)きました。

④ □□□□(なんぼくちょうじ)だいには □□(にほん)は □(ふた) つに わかれました。

⑤ □(ほっ)海(かい)□(どう)は □(ふゆ)が ながいです。

⑥ □(しん)じゅく□(えき)の□□(にしぐち)は にぎやかです。

120		121	
川	かわ rivière (-がわ)	海	うみ mer ; océan (カイ)

A **Notez la prononciation des *kanji* en *hiragana* entre parenthèses :**

① この (　)川には (　)魚は いません。

② (　)水が きれいな (　)川です。

③ (　)夏は ぜひ (　)海で およぎたいです。

④ (　)日本海の くう(　)気は おいしいですね。

B **Écrivez les *kanji* suivants dans les cases :**

丿 川 川 (3)						丶 氵 氵 氵 汇 海 海 海 (9)					
✎						✎					

かわ □

セーヌ がわ □

うみ □

にほんかい □□□

ほっかいどう □□□

かいがい □□

C **Écrivez en *kanji* les mots des phrases suivantes dans les cases :**

① □□（てんき）の いい□（ひ）には □□□（にほんかい）へ □（い）きます。

② □（かわ）の むこうに たて□（もの）が あります。

③ □□（おおかわ）さんは セーヌ□（がわ）に ついての □（ほん）を □（か）きました。

④ □（やま）も □（うみ）も □（み）えて きれいです。

D **Fabriquez 6 *kanji* à partir des composants suivants utilisés qu'une fois :**

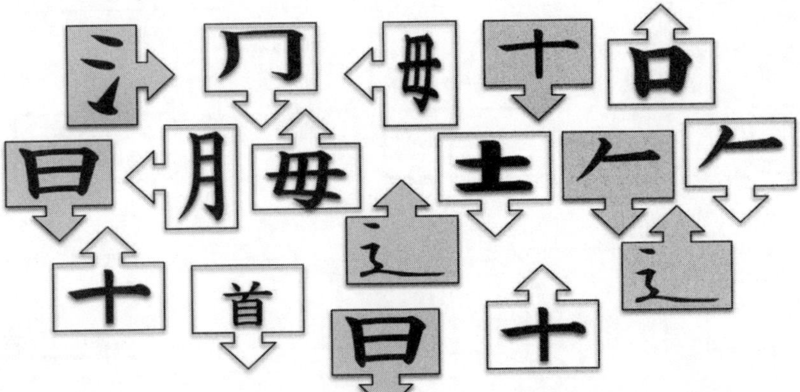

122		123	
国	くに pays (コク、ゴク)	京	(キョウ) capitale

A Notez la prononciation des *kanji* en *hiragana* entre parenthèses :

① (　　)外国へ (　　)行く(　　)時、パスポートが 必要(ひつよう)です。

② 色々(いろ)(　　)な (　　)国の (　　)人と 友達(ともだち)に なりたいです。

③ (　　)何時に (　　)東京駅に つきますか。

④ むかし、(　　)日本の しゅとは (　　)京都(と)でした。

B Écrivez les *kanji* suivants dans les cases :

丨 冂 冂 冂 冂 国 国 国 (8)						丶 亠 亠 亡 古 亨 亨 京 (8)					
✎						✎					

くに □

がいこくじん □□□

がいこくご □□□

ちゅうごく □□

とうきょう □□

きょう □都(と)

C Écrivez en *kanji* les mots des phrases suivantes dans les cases :

① □□（らいねん）は、□□（かいがい）へ □（い）かなくて、□（こく）□（ない）を りょ□（こう） します。

② □□□（とうかいどう）は □□（とうきょう）の □□（にほん）ばし から □（きょう）都（と） まで □（い）きます。

③ □（わたし）の ペンフレンドの な□（まえ）は □□（くにたち） □□（きょうこ）さんです。

④ □□（ことし）の □（なつ）、□□（ちゅうごく）を りょ□（こう） します。

D Trouvez le *kanji* commun aux deux mots composés :

海	□	→	□	国
中	□	→	□	生
大	□	→	□	校
東	□	→	□	都（と）
右	□	→	□	足

電	□	→	□	分
中	□	→	□	語
先	□	→	□	間
作	□	→	□	学
何	□	→	□	間

124		125	
名	な nom (メイ、ミョウ)	字	ジ caractère (écrit) ; lettre

A **Notez la prononciation des *kanji* en *hiragana* entre parenthèses :**

① ここに (　　) 名前を (　　) 書いて ください。

② (　　) 私の (　　) 名字は (　　) 川田です。

③ かん(　　)字は (　　) 中国で (　　) 生まれた (　　) 字です。

④ (　　) 分からない (　　) 字は かん(　　)字(　　)じ書で しらべます。

B **Écrivez les *kanji* suivants dans les cases :**

ノ ク タ タ 名 名 (6)						ﾞ ﾞ 宀 宀 宇 字 (6)					
✏						✏					

な □　　なまえ □□　　ゆう めい □

じ □　　かん じ □　　みょうじ □□

C **Écrivez en *kanji* les mots des phrases suivantes dans les cases :**

① うちの □（いぬ）に シロと いう □□（なまえ）を
つけました。

② □□（かわぐち）さんは □（じ）が □□（じょうず）です。

③ かん□（じ）の □（か）きかたは むずかしいですが、
たのしいです。

④ かれの □（ほん）とうの □□（なまえ）は □□（やました）智久（ともひさ）
です。□（やま）P（ピー）は かれの ゆう□□（めいじん）の ニッ
クネームです。P（ピー）は ローマ□（じ）で □（か）きます。

⑤ □□（せんせい）、こくばんの □（じ）が □（み）えません！

D **Chaque année, ont lieu des concours de création de *kanji*. Ils ne sont pas utilisés officiellement, mais on peut en deviner la signification.**

126		127	
文	ブン phrase ; texte ; littérature (モ、モン) écrit ; motif	方	かた manière ; personne ホウ direction ; façon ; moyen

A Notez la prononciation des *kanji* en *hiragana* entre parenthèses :

① この かん字の (　　) 読み方は (　　)(　　) 何ですか。(　　)

② 作文を (　　) 書きます。(　　)

③ 東の (　　) 方へ (　　) ずっと あるいて ください。

④ この 方は (　　) どなたですか。

B Écrivez les *kanji* suivants dans les cases :

丶 亠 ナ 文 (4)						丶 亠 亍 方 (4)					
✎						✎					

ぶん □　　ぶん □しょう　　ぶん □か

かた □　　ほう □　　ゆうがた □□

C **Écrivez en *kanji* les mots des phrases suivantes dans les cases :**

① □□（ゆうがた）は □□（でんしゃ）が こみます。

② ち□（ほう）によって □（き）こうが かわります。

③ □□（こくご）の じゅぎょうで □□（にほん）の □（ぶん）□（がく）を □（まな）びます。

D **Associer les différents éléments du cadre avec un groupe de composants afin de former le plus de *kanji* possible :**

日 禾 食 言 彳 亻 亠 雨 辶 門

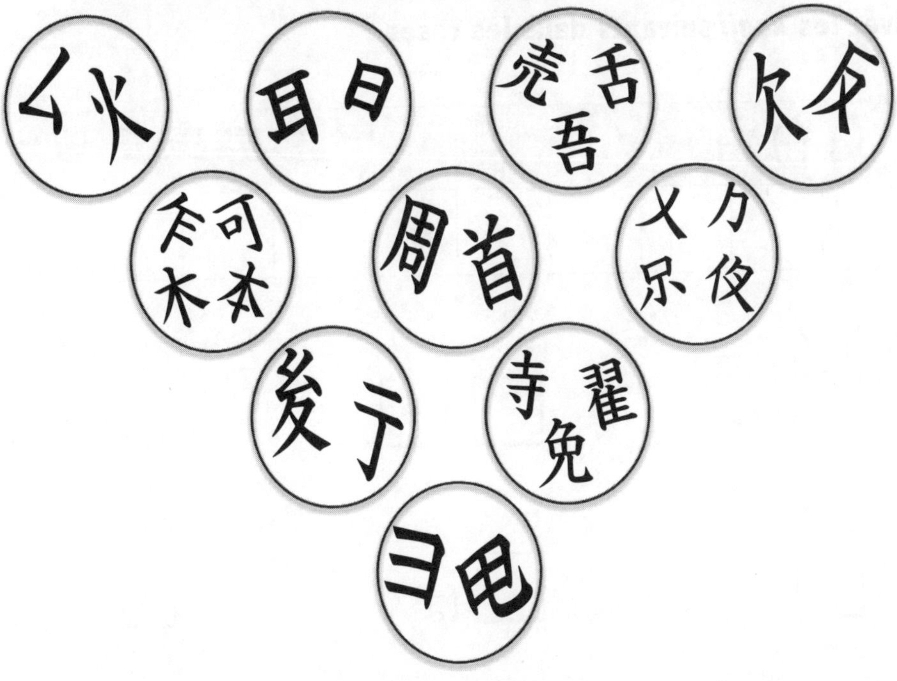

128		129	
白	しろ (le) blanc しろい être blanc (ハク)	黒	くろ (le) noir くろい être noir (コク)

A **Notez la prononciation des *kanji* en *hiragana* entre parenthèses :**

① ふじ山の　上に　まっ白い　雪が　見えます。

② 海を　およぐ　白鳥を　見ました。

③ 黒木さんは　白の　ズボンを　はいて　います。

④ 白人と　黒人の　ともだちが　いますよ。

B **Écrivez les *kanji* suivants dans les cases :**

′ 亻 白 白 白 (5)	丨 曰 甲 甲 里 里 黒 (11)

しろ □　　はくじん □□　　まっ□ (しろ)

くろ □　　こく □ばん　　こくじん □□

C Écrivez en *kanji* les mots des phrases suivantes dans les cases :

① □(くろ)□(だ)さんの □(て)が まっ□(くろ)に なりました。

② この しゃしんは □(しろ)□(くろ)でしたが、□(いま)は まっ□(しろ)に なりました。

③ □(まえ)は □(しろ)□(き)さんは かみのけが □(くろ)かったですが、□(いま)は もう □(しろ)く なりました。

④ □(な)□(まえ)を □(くろ)い インクで □(か)きます。

⑤ □(こく)ばんの □(じ)を けしても いいですか。

D Indiquez entre parenthèses le numéro du trait grisé :

海 ( )　国 ( )　方 ( )

130	
青	あお (le) bleu (vert) あおい être bleu (vert) (セイ)

131	
赤	あか (le) rouge あかい être rouge

A **Notez la prononciation des *kanji* en *hiragana* entre parenthèses :**

① しんごうが （　）青に なりました。

② （　）今日は （　）青ぞらです。

③ （　）青年は （　）赤い セーターを きて いました。

④ （　）日本の はたは （　）赤と （　）白です。

B **Écrivez les *kanji* suivants dans les cases :**

一 十 キ 圭 丰 青 青 青 (8)						一 十 土 ナ 赤 赤 赤 (7)					
✎						✎					

あお □

あお □しんごう

せいしゅん □□

あか □

あか □しんごう

あか □ちゃん

C **Écrivez en *kanji* les mots des phrases suivantes dans les cases :**

① □(おんな)の □(こ)は まっ□(か)に なって、□(おとこ)の

□(こ)は まっ□(さお)に なりました。

② □(こ)どもは □(あか)とんぼが □(す)きです。

③ □(あか)しんごうで とまって ください。

④ この チューインガムは □(あお)りんごあじです。

⑤ □(あか)んぼうの わらいが □(き)こえます。

D **Coloriez les *kanji* suivants en fonction de la couleur qu'ils désignent afin de les démêler :**

132		133	
高	たかい cher ; élevé ; haut (コウ)	安	やすい bon marché (アン) calme ; paix ; sécurité

A **Notez la prononciation des *kanji* en *hiragana* entre parenthèses :**

① （　）父は （　）高い （　）車を （　）買いました。

② あには （　）高校三年生です。

③ この あたらしい ホテルは （　）安いです。

④ （　）今は パソコンは （　）安くなりました。

B **Écrivez les *kanji* suivants dans les cases :**

高 (10)						安 (6)					
✎						✎					

たか □い　　こうこう □□　　こうこうせい □□□

やす □い　　あん □しん　　あん □ぜん

C **Écrivez en *kanji* les mots des phrases suivantes dans les cases :**

① □(たか)□(だ)□(たか)□(こ)さんは □(あん)ていした

しごとが ほしいと □(い)いました。

② □(たか)□(やま)□(やす)□(こ)さんは □(に)□(ほん)は

ち□(あん)が □(たか)いと □(い)いました。

③ くだ□(もの)は □(たか)く なりました。

④ □(やす)くて □(ちい)さい レストランです。

⑤ □(うし)ろに □(やす)□(だ)さんを □(み)て、□(あん)しん

しました。

D **Rayez l'intrus :**

犬	午
馬	鳥

朝	夜
晩	夕

私	冬
夏	春

134		135	
多	おおい nombreux (タ)	少	すくない (être) peu nombreux すこし un peu (adverbe) (ショウ)

A Notez la prononciation des *kanji* en *hiragana* entre parenthèses :

① この カレーライスは りょうが ( )多いです。

② イヌイット( )語を ならう( )人は ( )少ないです。

③ ( )多分、あした ( )雨が ふるでしょう。

④ ( )少年まんがと ( )少女まんがを ( )読みます。

B Écrivez les *kanji* suivants dans les cases :

ノ ク タ タ 多 多 (6)						亅 小 小 少 (4)					
✎						✎					

おお □い　　たぶん □□　　すく □ない

すこ □し　　しょうねん □□　　しょうじょ □□

C Écrivez en *kanji* les mots des phrases suivantes dans les cases :

しょうしょう
① □□ おまち ください。

がくせい　おお
② この クラスは □□が □いです。

すく
③ リサイクルで ごみが □なく なりました。

しょうねん
④ □□は あたらしい やきゅうぼうを
か
□いました。

すこ　やす
⑤ □し つかれたから、□みましょう。

D Placez les bons *okurigana* après le *kanji* et inscrivez la lecture :
Attention, parfois, il n'y a pas d'okurigana après le kanji !

① もう 少（……）まって ください。
② 今日は 学生が 少（……）です。
③ 多（……）の 学生が かぜを ひきました。
④ おすしを 食（……）た ことが ありますか。
⑤ この 話（……）は おもしろいです。
⑥ ともだちに 話（……）ます。

136		137	
新	あたらしい neuf ; nouveau ; frais (シン)	古	ふるい vieux ; ancien (コ)

A **Notez la prononciation des *kanji* en *hiragana* entre parenthèses :**

① 赤西（　）さんは 新（　）しい 車（　）を 買（　）いました。

② 古（　）い 時（　）計（けい）を なくしました。ですから、

新（　）しい 時（　）計（けい）を 買（　）いました。

③ 青木（　）さんは 毎朝（　）新聞（　）を 読（　）みます。

B **Écrivez les *kanji* suivants dans les cases :**

立 ⺶ 辛 亲 亲 新 新 新 (13)						一 十 ナ 古 古 (5)					
✎						✎					

あたら □しい　　しんぶん □□　　しんねん □□

ふる □い　　ちゅうこ □□　　ふるほん □□

C **Écrivez en *kanji* les mots des phrases suivantes dans les cases :**

ふ る　た　　　　わたし　　ふ る

① □□さんは □の □い ともだちです。

ふ る　　しんぶん

② □い □□を すてました。

とうきょう　　あたら　　　たて もの　　おお

③ □□には □しい 建□が □いです。

いえ　　ふ る　　あたら

④ この □は □くも □しくも ないです。

ちゅう こ　　くるま　　やす　　か

⑤ □□の □を □く □いました。

ふるほん　　ふるほん　　やす　　う

⑥ □□やは □□を □く □ります。

D **Entourez ou grisez les caractères qui ont une lecture « *on* » identique à un autre dans la grille, vous obtiendrez un *kanji* :**

口	好	高	行	春	目	木	四	子
円	新	古	赤	駅	食	足	電	金
火	下	家	夏	飲	中	昼	千	先
曜	女	来	学	読	肉	馬	立	飲
入	青	生	西	手	分	文	聞	出
外	牛	馬	南	安	多	海	気	耳
雨	午	後	語	父	小	少	生	母
年	今	車	魚	晩	毎	間	書	売
週	中	十	水	土	万	国	黒	冬
秋	山	本	犬	人	大	話	東	言
三	天	時	見	雪	体	上	北	元
早	字	九	休	川	飯	半	生	京

138		139	
長	ながい long (チョウ) long ; chef	短	みじかい court (タン)

A **Notez la prononciation des *kanji* en *hiragana* entre parenthèses :**

① (　　) 私の (　　) 高校の (　　) 校長は きびしく ないです。

② (　　) 駅長は (　　) 青い せいふくを きて います。

③ しょう (　　) 来、しゃ (　　) 長に なりたいです。

④ (　　) 短かったですが、たのしかったです。

B **Écrivez les *kanji* suivants dans les cases :**

丨 ﾄ 𠂉 … 長 (8)						⺈ 𠂉 … 短 (12)					
✎						✎					

なが □い

こうちょう □□

ちょうなん □□

えきちょう □□

みじか □い

たんき □□

C Écrivez en *kanji* les mots des phrases suivantes dans les cases :

① □(ちち)は □(き)が □(みじか)くて、バスを まつ ことが きらいです。

② □(なが)のけんは □(ゆき)が よく ふります。

③ □(なが)崎(さき)は □□(にほん)の □(にし)に あります。

④ □(みじか)い □(あいだ)でしたが、いい けいけんでした。

⑤ □□(なかがわ)さんは □□(ちょうじょ)です。

D Trouvez le caractère central permettant de fabriquer 4 mots composés :

	学 ↓	
高 →	?	→ 門
	↓ 長	

学	□		高	□		□	長		□	門

140		141	
明	あかるい clair ; joyeux ; gai [-が] あける se lever (finir) (メイ)	暗	くらい sombre (アン)

A **Notez la prononciation des *kanji* en *hiragana* entre parenthèses :**

① この へやは とても (　　)明るいです。

② (　　)明日 (　　)何を しますか。

③ (　　)先生の (　　)せつ明が (　　)分かりません。

④ (　　)暗い ところは こわく ないです。

B **Écrivez les *kanji* suivants dans les cases :**

丨 冂 日 日 日丿 明 明 明 (8)						日 日' 日亠 日亠 日立 日立 暗 暗 (13)					

あか □るい　　あ □けまして　　あした／あす □□

めい せつ□　　くら □い　　あん □きする

C Écrivez en *kanji* les mots des phrases suivantes dans les cases :

① □□□けましておめでとうございます。
（しんねんあ）

② □□□しい□の□み□を
（まいにち あたら じ よ かた）

□っ□き します。
（いつ あん）

③ □いですから、□□を つけましょう。
（くら でんき）

④ □の□は□るいです。
（みなみ ひと あか）

D Choisissez un *kanji* dans le rectangle pour en créer de nouveaux :

一八十小夕夕口土千火牛女五日日立立目毎雨

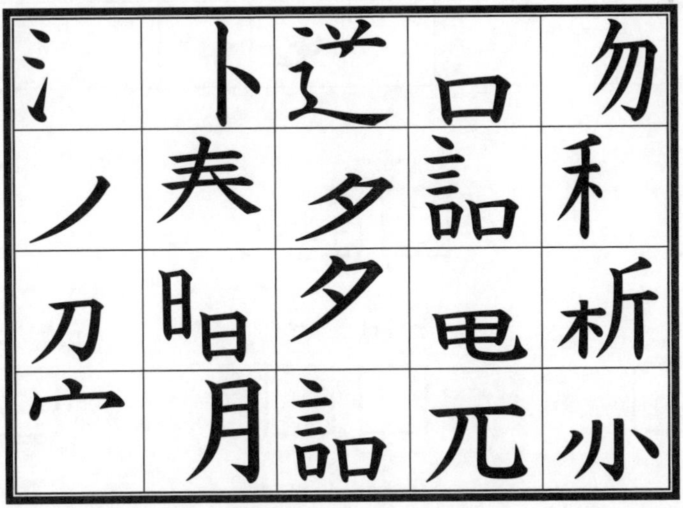

142		143	
竹	たけ bambou	米	こめ riz (en grain) ; abréviation pour l'Amérique ou les États-Unis (ベイ)

A **Notez la prononciation des *kanji* en *hiragana* entre parenthèses :**

① この はしは 竹( )で できて います。

② 京( )都( )との ちかくの 竹( )ばやしは ゆう名( )です。

③ お米( )を たいて、ご飯( )を 作( )ります。

④ 米国( )の だいとうりょうが 来日( ) しました。

B **Écrivez les *kanji* suivants dans les cases :**

ノ ⺈ ⺮ 竹 (6)	ヽ ソ 丷 半 米 米 (6)
✎	✎

たけ □

たけ □ばやし

こめ □

べいこく □□

たけだ □□

たけなか □□

C **Écrivez en *kanji* les mots des phrases suivantes dans les cases :**

にほん　　こめ　　つく
① □□しゅは □から □ります。

たけやま　　たけ　　なが
② □□さんは □の □い いすに
すわりました。

こめ　　みず　　い
③ お□を といでから、□を □れて、
ひ
□に かけます。

たけうち　　まいにち　しんぶん　　か
④ □□さんは □□ □□を □い
ます。

D **Écrivez trois *kanji* différents qui se lisent tous « ぶん » en deuxième position des mots composés suivants :**

多	新	作
□	□	□

144		145	
花	はな fleur (カ)	茶	［お］チャ thé (サ)

A **Notez la prononciation des *kanji* en *hiragana* entre parenthèses :**

① （　）花やで きれいな （　）花を （　）買いました。

そして、（　）家で （　）花びんに （　）入れました。

② きっ（　）茶てんで （　）日本茶を （　）飲みました。

③ こう（　）茶と りょく（　）茶と どちらが いいですか。

B **Écrivez les *kanji* suivants dans les cases :**

一 艹 艹 ガ 花 花 花 (7)						一 艹 艹 艾 苳 苶 荼 茶 (9)					
✎						✎					

はな □

はなび □□

はなみ □□

か □びん

ちゃ □

さどう □□

C Écrivez en *kanji* les mots des phrases suivantes dans les cases :

わたし　かわ　ちい
① □は きのう □の ほとりの □さな

はなみ
こうえんで お□□を しました。

がっこう　さどう
② □□には □□の クラブが あります。

やす　ちゃ　す
③ □い お□は □きでは ありません。

はなだはなこ　はな
④ □□□□さんは □やさんです。

はなび
⑤ □□は いつも きれいです。

D Associez par paire les *kanji* qui ont la même prononciation « *on* » et trouvez le caractère solitaire. Attention aux multiples lectures « *on* » :

花	少	子	好	先	安	私
文	国	冬	西	目	飯	犬
昼	茶	鳥	大	言	字	中
元	半	秋	聞	見	青	後
木	上	午	体	下	小	明
週	九	千	名	時	出	生
東	暗	長	左	休	高	黒

5 *kanji* supplémentaires pour atteindre le niveau 5 du JLPT

Pour atteindre le niveau 5 du JLPT (*Test d'Aptitude en Japonais*), il faut ajouter au palier 1 les cinq caractères suivants appartenant à la première année du palier 2. Ils seront présentés plus en détail dans le cahier d'exercices d'écriture et d'activités 2. Ils sont extraits de *Kanji Kakitai !*

N°	Kanji	Lectures et sens	Ordre des traits	Traits	Vocabulaire
172	会	[-に] あう rencontrer ; voir (カイ)	ノ 𠆢 亼 亼 会 会	(6)	会社 (かいしゃ) entreprise 会話 (かいわ) conversation ; dialogue
194	友	とも ami (ユウ)	一 ナ 方 友	(4)	友達 (ともだち) ami 友人 (ゆうじん) ami
212	店	みせ magasin ; boutique ; établissement (テン)	丶 亠 广 广 庁 庐 店 店	(8)	売店 (ばいてん) kiosque ; petite boutique 店長 (てんちょう) patron d'un magasin, d'un restaurant
224	社	(シャ) sanctuaire shintoïste ; société (-ジャ)	丶 ラ ネ ネ ネ 社 社	(7)	会社員 (かいしゃいん) ou 社員 (しゃいん) employé d'une société 社長 (しゃちょう) chef d'entreprise ; P.D.G.
226	空	そら ciel から vide [-が] あく [-が] すく se vider ; se libérer (クウ)	丶 ハ 宀 宂 穴 空 空 空	(8)	空港 (くうこう) aéroport 空気 (くうき) air

CORRIGÉ

001 日 – 002 月

A ① こんにちは！② まいにち にほんごの クラスが あります。③ つぎの ひは げつようびです。きゅうじつです。④ こんげつは いちがつです。らいげつは にがつです。
① Bonjour ! ② Tous les jours, j'ai cours de japonais. ③ Le jour suivant sera un lundi. Il sera férié. ④ Ce mois-ci, nous sommes en janvier. Le mois prochain, nous serons en février.

B 日 ; 日ほん ; 日よう日 ; みっ日 ; 月 ; いち月 ; 月よう日 ; いっか月
Le jour, le soleil ; Japon ; dimanche ; le trois (du mois) ; la lune, le mois ; janvier ; lundi ; un mois (durée)

C ① ご月 いつ日は おとこの この 日です。② たんじょう日は じゅう月 よっ日です。③ きれいな 月に うさぎが みえます。④ 日よう日は いち日じゅう ねます。
① Le 5 mai est le jour [de la fête] des garçons. ② Mon anniversaire est le 4 octobre. ③ On voit un lapin dans la magnifique lune [d'après les croyances japonaises]. ④ Dimanche, je dormirai toute la journée.

D 3 x 日 et 4 x 月

003 火 – 004 水

A ① きょうは かようびです。② にほんは かざんが おおいです。③ ひに きをつけます。④ なつは、みずを たくさん のみます。
① Aujourd'hui, c'est mardi. ② Au Japon, il y a beaucoup de volcans. ③ Je fais attention au feu. ④ En été, je bois beaucoup d'eau.

B はな火 ; 火よう日 ; 水よう日 ; 火ざん ; 水で火をけします ; 水えい
Feu d'artifice ; mardi ; mercredi ; volcan ; j'éteins le feu avec de l'eau ; natation

C ① 水たさんは はなに 水を やります。② 水えいレッスンは 火よう日です。③ 水ぐちさんは 火が こわいです。④ 水よう日は 日ほんごの クラスです。
① Monsieur Mizuta donne de l'eau aux fleurs. ② Mon cours de natation est le mardi. ③ Monsieur Mizuguchi a peur du feu. ④ Le mercredi, j'ai ma leçon de japonais.

D 火 le feu d'artifice en bâtonnet ; 水 l'eau (dans le seau) ; 火 le feu (de la bougie)

005 木 – 006 金

A ① うちの にわに きが あります。② もくようびは プールで すいえいを します。③ きんようびまで にほんごを ならいます。④ みずきさんは おかねが たくさん あります。
① Il y a des arbres dans mon jardin. ② Le jeudi, je pratique la natation à la piscine. ③ Jusqu'au vendredi, j'étudie la langue japonaise. ④ Madame Mizuki a beaucoup d'argent.

B 木 ; 木よう日 ; お金 ; 金 ; 金メダリスト ; 金よう日
Arbre ; jeudi ; argent ; or ; médaillé d'or ; vendredi

C ① すず木せんせいの 日ほんごの クラスは 火よう日と 木よう日です。② あお木さんは あまり お金が ありません。③ 月よう日から 金よう日まで あそぶ じかんが あまり ありません。④ 水えいで 金メダルを とりました。
① Les cours de japonais du professeur Suzuki ont lieu le mardi et le jeudi. ② Monsieur Aoki n'a pas beaucoup d'argent. ③ Je n'ai pas beaucoup de temps pour m'amuser du lundi au vendredi. ④ J'ai obtenu la médaille d'or en natation.

D 水 ; 火 ; 木 ; 金

007 土 – 008 曜

A ① どようび、ともだちと えいがを みます。② がっこうは どにち やすみです。③ にほんごの じゅぎょうは なんようびですか。④ もくようびは ともだちと テニスを します。
① Le samedi, je regarde un film avec un ami. ② Je n'ai pas école le samedi et le dimanche. ③ Quel jour avez-vous cours de japonais ? ④ Le jeudi, je fais du tennis avec des amis.

B 月曜日 ; 火曜日 ; 水曜日 ; 木曜日 ; 金曜日 ; 土曜日
Lundi ; mardi ; mercredi ; jeudi ; vendredi ; samedi

C ① 水木さんは 土日 なにを しますか。②金田さんは おなじ 曜日に いきます。③ 日曜日には じかんが あります。④ 金曜日の ゆうがたは おそく ねます。
① Que fait Monsieur Mizuki le samedi et le dimanche ? ② Monsieur Kaneda y va le même jour de la semaine. ③ Le dimanche, j'ai du temps. ④ Le vendredi soir, je me couche tard.

D

Jour du soleil	日曜日	dimanche
Jour de la lune	月曜日	lundi
Jour du feu	火曜日	mardi
Jour de l'eau	水曜日	mercredi
Jour du bois	木曜日	jeudi
Jour du métal	金曜日	vendredi
Jour de la terre	土曜日	samedi

009 一 – 010 二

A ① いちがつついたちは、いちねんの はじまりの ひです。がんじつです。② ははと ふたりで デパートへ いきました。③ にがつは いちねんで いちばん みじかい つきです。
① Le premier janvier est le début de l'année. C'est le « ganjitsu » (nom donné au premier jour de l'année). ② Nous sommes allés tous les deux, ma mère et moi, au grand magasin. ③ Février est le mois le plus court de l'année.

B 一月 ; 一り ; 二か月 ; 一しょに ; 一日じゅう ; 二月
Janvier ; une personne ; deux mois (durée) ; ensemble ; toute la journée ; février

C ① 二月は 一月の つぎの 月です。② 一つの りんごを 二つに わけました。③ 一月は 一ねんの 一ばんめの 月です。④ 一月一日 土曜日から、二りで 日ほんへ 一か月 いきます。
① Février est le mois qui suit janvier. ② J'ai coupé une pomme en deux. ③ Janvier est le premier mois de l'année. ④ À compter du samedi premier janvier, nous irons tous les deux pendant un mois au Japon.

D f.) 日 ; c.) 月 ; b.) 火 ; g.) 水 ; e.) 木 ; a.) 金 ; d.) 土

011 三 – 012 四

A ① きょうは さんがつみっかです。ひなまつりです。② おかしを みっつ たべました。③ にほんの がっこうは しがつからです。④ がっこうを よっか やすみました。
① Aujourd'hui nous sommes le 3 mars. C'est la fête des filles. ② J'ai mangé trois pâtisseries. ③ Au Japon, l'école commence en avril. ④ Je me suis absenté de l'école quatre jours.

B 三月 ; 三か月 ; 三日 ; 四月 ; 四日 ; 四人
Mars ; trois mois ; le trois du mois, trois jours (durée) ; avril ; le quatre du mois, quatre jours (durée) ; quatre personnes

C ① おしょう月は 一月一日から 三日までです。② 四月一日は エープリルフールです。③ あかちゃんは 三か月です。④ おとうとは 四つに なります。
① Le Nouvel An dure du 1er janvier au 3 janvier. ② Le 1er avril est le jour du poisson d'avril. ③ Le bébé a trois mois. ④ Mon petit frère va avoir quatre ans.

D (5) (3) (2) (5) (1) (15)

013 五 – 014 六

A ① ごがついつかは こどもの ひです。②クッキーを いつつ たべました。③ ろくがつは あめの ひが おおい つきです。④ じゅうどうを ろっかげつ しました。
① Le cinq mai est le jour [de la fête] des enfants. ② J'ai mangé cinq biscuits. ③ Juin est un mois où il pleut souvent. ④ J'ai pratiqué le jûdô pendant six mois.

B 五にん ; 六月 ; 六日 ; 五日 ; 五月 ; 六か月
Cinq personnes ; juin ; le six du mois, six jours (durée) ; le cinq du mois, cinq jours (durée) ; mai ; six mois (durée)

C ① しずおかに 五か月 いました。② おとこの こは 六にんだけです。③ りょこうは 六日だけでした。④ やすみは 六しゅうかんだけです。
① Je suis restée cinq mois à Shizuoka. ② Il n'y a que six garçons. ③ Le voyage n'a duré que six jours. ④ Les vacances ne durent que six semaines.

D

一	+	二	=	三
六	−	二	=	四
三	÷	三	=	一
五	−	四	=	一
一	+	五	=	六
四	+	二	=	六

015 七 – 016 八

A ① 『しちにんの さむらい』は にほんの えいがです。② たなばたまつりは しちがつなのかです。③ きょうは しちがつようかです。④ やおやさんで りんごを ななこ かいました。
① « Les Sept Samouraïs » est un film japonais. ② La fête de Tanabata est le 7 juillet. ③ Aujourd'hui, nous sommes le 8 juillet. ④ J'ai acheté sept pommes chez le marchand des quatre-saisons.

B 七日; 七月 ; 七にん ; 八月 ; 八日; 八おや
Le sept du mois, sept jours (durée) ; juillet ; sept personnes ; août ; le huit du mois, huit jours (durée) ; marchand des quatre-saisons

C ① ふつう、おぼんは 八月です。② 七にんの こびとは ケーキを 八つに きりました。しらゆきひめと 一しょに たべました。③ 日ほんに 八か月 いました。④ 七五三です。七つの おとこの こは じんじゃへ おまいりします。
① Normalement, la fête d'Obon a lieu en août. ② Les sept nains ont coupé le gâteau en huit. Ils l'ont mangé avec Blanche-neige. ③ Je suis resté 8 mois au Japon. ④ C'est la fête du « Shichigosan ». Les garçons de sept ans vont faire une visite au sanctuaire.

D 七 ; 水 ; 八 ; 曜 ; 五

E 六 ; 金 ; 七 ; 曜 ; 火

017 九 – 018 十

A ① これは わたしが ここのつの ときの しゃしんです。② にちようび くじに、ハイキングに でかけます。③ くがつ ここのかに、きゅうしゅうへ いきます。④ じゅうがつは わたしが いちばん すきな つきです。
① Voici une photographie de moi, lorsque j'avais neuf ans. ② Dimanche, à neuf heures, nous irons en randonnée. ③ J'irai à Kyûshû le neuf septembre. ④ Octobre est mon mois préféré.

B 九月 ; 九か月 ; 九しゅう ; 十にん ; 十日 ; 九日
Septembre ; neuf mois (durée) ; Kyûshû (3ème île japonaise) ; dix personnes ; le dix du mois, dix jours (durée) ; le neuf du mois, neuf jours (durée)

C ① 日曜日は 十じに おきます。② 十月十日は たいいくの 日です。③ わたしは 十ぶん しあわせです。④ たん生日に ひとが 二十にん きます。
① Le dimanche, je me lève à dix heures. ② Le dix octobre est le jour [de la fête] du sport. ③ Je suis suffisamment heureux. ④ Pour mon anniversaire, viendront vingt personnes.

D 一 ; 二 ; 三 ; 四 ; 五 ; 六 ; 七 ; 八 ; 九 ; 十 ; 十一 ; 十二

019 百– 020 千

A ① この ノートは さんびゃくえんです。② この ペンケースは ろっぴゃくえんです。③ がっこうは せいとが せんにん います。④ せんねんまえ、にほんは へいあんじだいでした。
① Ce cahier coûte 300 yens. ② Cette trousse coûte 600 yens. ③ Dans l'école, il y a 1000 élèves. ④ Il y a mille ans, le Japon était à l'époque Heian.

B 六百 ; 三百 ; 八百や ; 千にん ; 三千 ; 百
Six cents ; trois cents ; marchand des quatre-saisons ; mille personnes ; trois mille ; cent

C ① そぼは 百さいです。② 百えん ショップで けしゴムを かいました。③ きってを 千百まい もって います。
① Ma grand-mère a 100 ans. ② J'ai acheté une gomme dans une boutique tout à 100 yens. ③ Je possède 1100 timbres.

D 一 ㇖ 丆 百 百 百 et ノ 二 千

E

一月一日	いちがつついたち	1er janvier
四月二日	しがつふつか	2 avril
九月八日	くがつようか	8 septembre
七月二十日	しちがつはつか	20 juillet
五月十日	ごがつとおか	10 mai

021 万 – 022 何

A ① デパートで なにを かいましたか。②にほんごの クラスは なんようびですか。③ ちちから いちまんえん もらいました。④ いちまんユーロは なんえんに なりますか。
① Qu'avez-vous acheté dans le grand magasin ? ② Quel jour a lieu le cours de japonais ? ③ J'ai reçu dix mille yens de mon père. ④ Combien font en yens dix mille euros ?

B 一万 ; 百万 ; 何 ; 何曜日 ; 何日 ; 何にん
Dix mille ; un million ; quoi ? ; quel jour (de la semaine) ? ; quel jour (du mois) ? ; combien de personnes ?

C ① 日本に 何日ぐらい いますか。② 七百万五千ユーロの くるまです。③ パリには ひとが 何にんぐらい すんで いますか。… 三百万にん すんでいます。④ 日ほんごの テストは 何曜日ですか。
① Combien de jours environ resterez-vous au Japon ? ② C'est une voiture qui coûte sept millions cinq mille euros. ③ Combien de gens vivent à Paris ? … Trois millions environ. ④ Quel jour aura lieu le test de japonais ?

D a) 千百二十四 (1124) ; b) 三百二十三 (323) ; c) 三千 (3000) ; d) 三百万四百十七 (3 000 417)

023 本 – 024 円

A ① この ほんは おもしろいです。② にほんは おおきい しまが よっつ あります。ほっかいどう、ほんしゅう、きゅうしゅう、しこくです。③ この ケータイは なんえんですか。
① Ce livre est intéressant. ② Le Japon est constitué de quatre grandes îles : Hokkaidô, Honshû, Kyûshû et Shikoku. ③ Combien coûte ce téléphone portable ?

B 本 ; 日本 ; 本しゅう ; 何本 ; 何円 ; 千百円
Livre ; Japon ; Honshû ; combien (d'objets cylindriques) ? ; combien (de yens) ? ; mille cent yens

C ① 日本は しまが 六千八百五十二とう あります。② 本やは 月曜日が やすみです。③ しんかんせんで 一万円ぐらいです。④ この 本は 何円ですか。⑤ ボールペンを 何本 かいましたか。
① Le Japon compte 6852 îles. ② La librairie est fermée le lundi. ③ Cela coûte environ dix mille yens en shinkansen. ④ Combien coûte ce livre ? ⑤ Combien avez-vous acheté de stylos ?

D ① b ; ② a ; ③ b

025 今 – 026 年

A ① いま、なんじですか。② こんげつは オリンピックが あります。③ わたしは はんとしご、にねんせいに なります。④ ことしは うまどしで、らいねんは ひつじどしです。
① Quel heure est-il (maintenant) ? ② Ce mois-ci, il y aura les jeux olympiques. ③ Je serai élève en deuxième année dans six mois. ④ Cette année, c'est l'année du cheval, l'année prochaine, ce sera l'année du mouton.

B 今日 ; 今月 ; 今 ; 年 ; 今年 ; 今さ
Aujourd'hui ; ce mois-ci ; maintenant ; année ; cette année ; ce matin

C ① 今から 何を しますか。② 何年ぐらい 日本に いましたか。③ 今まで、まい年 日本に いきました。らい年 また いきます。④ 今ばんは 一りで えいがに いきます。
① Qu'allez-vous faire à compter de maintenant ? ② Combien de temps êtes-vous resté au Japon ? ③ Jusqu'à présent, je suis allé tous les ans au Japon. J'y retournerai l'année prochaine. ④ Ce soir, j'irai tout seul au cinéma.

D
ねんがじょう：
しんねん、あけまして おめでとう ございます。ことしも よろしく おねがい します。にせんにじゅうよねんが よい としに なります ように。
たつどし。

027 時 – 028 分

A ① じゅぎょうは なんじに おわりますか。② よじに おやつを たべます。③ あと じゅっぷんです。はやく して ください。④ たまごは なんぷん ゆでますか。
① À quelle heure se termine le cours ? ② Je mange mon goûter à 4 heures. ③ Il reste 10 minutes. Dépêchez-vous ! ④ Combien de minutes fait-on bouillir l'œuf ?

B 時；何時；九時；何分；十分；はん分
Temps ; quelle heure ? ; 9 heures ; combien de minutes ; 10 minutes ; moitié

C ① 時けいを もって いますか。② 分かりません。ゆっくり いって ください。③ 七時十五分の バスに のります。④ やすみ時かんは 十五分です。⑤ ケーキの はん分 たべました。
① Avez-vous une montre ? ② Je ne comprends pas. Pouvez-vous le dire lentement ? ③ Je prends le bus de 7h15. ④ La pause dure 15 minutes. ⑤ J'ai mangé la moitié du gâteau.

D 今；分；時

029 口 – 030 目

A ① くじらは くちが おおきいです。② おかねを まどぐちに だしました。③ めが いたいから、めいしゃに いきました。めぐすりを めに いれました。
① Les baleines ont de grandes bouches. ② J'ai présenté l'argent au guichet. ③ Comme j'avais mal aux yeux, je suis allé chez l'ophtalmologiste. J'ai mis du collyre dans les yeux.

B 口；目；目いしゃ；いり口；で口；まど口
Bouche ; œil ; ophtalmologiste ; entrée ; sortie ; guichet

C ① あそこに いり口が ありますね。② なつ目せんせいは 目が いいです。③ かえるは 口が おおきいです。④ よる 口や 目を とじて ねます。⑤ 一つ目こぞうは 目が 一つだけ あります。
① L'entrée se trouve là-bas. ② Le professeur Natsume a une bonne vue. ③ La grenouille possède une grande bouche. ④ La nuit, on dort la bouche et les yeux fermés. ⑤ Hitotsume-kozô n'a qu'un seul œil.

D 万；分；年；何

031 山 – 032 田

A ① ふじさんは かざんです。ゆうめいな やまです。② いなかです。たんぼが たくさん あります。③ たなかさんは だれですか。④ わたしは やまが すきです。

① Le Mont Fuji est un volcan. C'est une célèbre montagne. ② C'est la campagne. Il y a beaucoup de rizières. ③ Qui est Madame Tanaka ? ④ J'aime la montagne.

B 山 ; 火山 ; ふじ山 ; 田んぼ ; 山田 ; 本田

Montagne ; volcan ; Mont Fuji ; rizière ; Yamada (nom de famille) ; Honda (nom de famille)

C ① 本田さんは 山のぼりが すきです。② 日本は 火山が おおいです。③ 山本さんは なか田さんと ふじ山に のぼりました。④ 『となりの 山田くん』は 日本の アニメです。⑤ すみ田がわは とうきょうの かわです。

① Monsieur Honda aime l'alpinisme. ② Il y a de nombreux volcans au Japon. ③ Madame Yamamoto a escaladé le Mont Fuji avec Madame Nakata. ④ « Nos voisins les Yamada » est un dessin animé japonais. ⑤ La rivière Sumida est une rivière de Tôkyô.

D (2) (3) (4) (4) (7) (3)

033 人 – 034 子

A ① つきやまさんは こどもが ふたり います。② にほんじんが よにんと、タイじんが ひとり います。③ クラスには がいこくじんが なんにん いますか。④ つちださんの おこさんは ななつに なります。

① Madame Tsukiyama a deux enfants. ② Il y a quatre Japonais et un Thailandais. ③ Dans la classe, combien y a-t-il d'étrangers ? ④ L'enfant de Madame Tsuchida va avoir sept ans.

B 日本人 ; がいこく人 ; 人き ; 子ども ; おんなの子 ; 何人

Japonais ; étranger ; popularité ; enfant ; fillette ; combien de personnes ?

C ① あの 子は 六つです。② あの 人たちは 何人ですか。③ この 人は お金が たくさん あります。④ あの 人は 人きが あります。⑤ あの 子は どこの 子ですか。

① Cette enfant a six ans. ② De quelle nationalité sont ces personnes ? ③ Il possède beaucoup d'argent. ④ Elle a beaucoup de succès. ⑤ D'où vient cet enfant ?

D A. : d. ; B. : a. ; C. : e. ; D. : f. ; E. : g. ; F. : c. ; G. : h. ; H. : b.

035 男 – 036 女

A ① むかし、おんなは いえで、おとこは そとで しごとを しました。② おとこの こと おんなの こが こうえんで ソフトボールを します。

① Autrefois, les femmes travaillaient à la maison, et les hommes à l'extérieur. ② Des garçons et des filles jouent au softball dans le parc.

B 男 ; 男子 ; 男せい ; 女 ; 女子 ; 女せい

Homme ; garçon (masculin) ; homme ; femme ; fille (féminin) ; femme

C ① ここは おんせんです。ひだりは 男ゆです。男の 人が はいります。みぎは 女ゆです。女の 人が はいります。② 日本は 女子サッカーが つよいです。③ わたしの クラスに 女の 子が 十七人と 男の 子が 十五人います。④ かぶきの やくしゃは みんな 男の 人です。

① Ici, c'est une source d'eau chaude. À gauche, vous avez les bains pour homme. Ce sont les hommes qui y entrent. À droite, vous avez les bains pour femme. Ce sont les femmes qui y vont. ② Le Japon est fort en football féminin. ③ Dans ma classe, il y a 17 filles et 15 garçons. ④ Les acteurs de kabuki sont tous des hommes.

D 月 ; 口 ; 五

037 大 – 038 小

A ① その にほんじんは あの ひとより おおきいです。② おおぐちさんの こどもは おおきく なりました。③ おおきい ほんも ちいさい ほんも あります。④ にほんの ちいさい テレビが あります。

① Cette japonaise est plus grande que cette personne là-bas. ② L'enfant de monsieur Ooguchi a grandi. ③ Il y a aussi bien des grands que des petits livres. ④ J'ai un petit téléviseur japonais.

B 大ぜい ; 大がく ; 大せつ ; 小がっこう ; 小がくせい ; 大人

Beaucoup (de personnes) ; université ; important ; école primaire ; écolier ; adulte

C ① 小田さんより 目が 大きいです。② 小山さんから 五千円 もらいました。③ 大山さんは もう 大じょうぶです。④ 七時から 小がっこうには 大ぜいの 小がくせいが います。

① Elle a les yeux plus grands que Madame Oda. ② J'ai reçu 5000 yens de monsieur Koyama. ③ Madame Ooyama va déjà mieux. ④ À partir de sept heures, il y a beaucoup d'écoliers à l'école élémentaire.

D 四月 ; 百万 ; 三分 ; 今年 ; 何円 ; 十分 ; 火山 ; 男子 ; 土日 ; 日本 ; 大人

039 上 – 040 下

A ① としうえの せいとを 「せんぱい」と いいます。② とししたの せいとを 「こうはい」と いいます。③ この エレベーターは うえへ あがります。④ この エスカレーターは したへ さがります。

① On appelle « senpai » les élèves plus âgés. ② On appelle « kôhai » les élèves moins âgés. ③ Cet ascenseur monte (en haut). ④ Cet escalator descend (en bas).

B 上 ; 年上 ; 上げる ; 下 ; 年下 ; 下げる

Dessus ; plus âgé ; lever (quelque chose) ; dessous ; moins âgé ; baisser (quelque chose)

C ① 上田さんは おんがくが 上ずです。② 日本で、おもしろい くつ下を みつけました。③ ち下てつで 小がっこうへ いきます。

① Madame Ueda joue bien de la musique. ② Au Japon, j'ai trouvé de drôles de chaussettes. ③ Je vais à l'école primaire en métro.

D 年 : 今年 (cette année) ; 来年 (l'année prochaine) ; 年下 (moins âgé) ; 年上 (plus âgé)

041 中 – 042 半

A ① やまの なかに ある ホテルに とまりました。② まいにち はちじはんに ちゅうがっこうに いきます。③ やまなかさんは はんとし アメリカに いました。④ ちゅうがくせい

は いちにちじゅう べんきょう します。
① Nous avons séjourné dans un hôtel en montagne. ② Je vais au collège tous les jours à huit heures et demie. ③ Monsieur Yamanaka est resté six mois aux États-Unis. ④ Les collégiens étudient toute la journée.

B 中 ; 中ごく ; 一日中 ; 半分 ; 半年 ; 四時半
Intérieur ; Chine ; toute la journée ; moitié ; six mois ; quatre heures et demie

C ① 大金さんは 半月 かいしゃを 休みました。② 中山さんは よ中に 何ども おきました。③ りんごを ふたつに きりました。この りんごは 半分が あか、半分が みどりでした。
① Madame Ookane s'est absentée de sa société pendant quinze jours. ② Monsieur Nakayama s'est levé plusieurs fois au milieu de la nuit. ③ J'ai coupé une pomme en deux. L'une des moitiés était rouge et l'autre, verte.

D 何 (le troisième trait dépasse légèrement et doit être dissocié du quatrième) ; 年 (le dernier trait ne doit pas dépasser) ; 万 (le deuxième trait ne doit pas dépasser du troisième et dernier trait) ; 男 (le sixième trait doit être plus long et dépasser du septième et dernier trait) ; 百 (un seul trait dans le rectangle du bas)

043 力 – 044 車

A ① ことしの なつは、でんしゃで うみへ いきます。② うちの くるまは にほんせいです。③ にほんの がくせいは よく じてんしゃで がっこうへ いきます。
① Cet été, je vais à la mer en train. ② Notre voiture est fabriquée au Japon. ③ Les étudiants japonais vont souvent à l'école en vélo.

B 力 ; ど力 ; 車 ; でん車 ; じてん車 ; じどう車
Force ; effort ; voiture ; train ; vélo ; automobile

C ① まい日の ど力が とても 大せつです。② かぜの 力で でんきを つくります。③ 日本は じどう車を たくさん つくります。
① Ce sont les efforts quotidiens qui sont très importants. ② On fabrique de l'électricité avec la force du vent. ③ Le Japon fabrique beaucoup d'automobiles.

D ゴジラは力（ちから）が あります : Godzilla a de la force.
月（つき） lune ; 火（ひ） feu ; 男（おとこ）の 人（ひと） homme ; 女（おんな）の 人（ひと） femme ; 子（こ）ども enfant ; じてん車（しゃ） vélo ; 車（くるま） voiture

045 先 – 046 生

A ① おさきに しつれい します。② せんげつから すこし じょうずに なりました。③ きださんは にほんごの せんせいです。④ せんしゅう せいとは テニスを しました。
① Je vous prie de bien vouloir m'excuser de partir avant vous. ② Depuis le mois dernier, il a fait quelques progrès. ③ Monsieur Kida est professeur de japonais. ④ La semaine dernière, les élèves ont joué au tennis.

B 先 ; 先月 ; 先生 ; 生まれる ; がく生 ; たん生日
Le bout, devant ; le mois dernier ; professeur, maître ; naître ; étudiant, élève ; anniversaire

C ① この さかなは まだ 生きて いますよ。② ゆびの 先が つめたいですよ。③ これから 生まれる 人は 百さいぐらいまで 生きます。④ 小口先生の おたん生日は いつですか。⑤ うちの ねこは 生の さかなが 大すきです。
① Ce poisson est encore vivant. ② J'ai l'extrémité des doigts gelée. ③ Les personnes qui naîtront dorénavant vivront jusqu'à cent ans environ. ④ Quand est-ce que le professeur Oguchi fête son anniversaire ? ⑤ Mon chat adore le poisson cru.

D 先 ; 男 ; 生 ; 何 ; 年

047 学 – 048 校

A ① がくせいは よく アルバイトを します。② フランスでは がっこうは くがつからです。③ らいねん だいがくに はいります。④ わたしの おとうとは まだ しょうがくせいです。
① Les étudiants font souvent un petit boulot. ② En France, l'école commence en septembre. ③ J'entre à l'université l'an prochain. ④ Mon petit frère est encore à l'école primaire.

B 学生 ; 大学 ; 学校 ; 小学校 ; 中学生 ; こう校
Etudiant ; université ; école ; écolier ; collégien ; lycée

C ① 中学校の 時、ビデオゲームに むちゅうでした。② わたしの 学校の 校ちょう先生は きびしいです。③ あねは すう学を 学びます。とくいです。
① Lorsque j'étais au collège, j'étais passionné de jeux vidéo. ② Le proviseur de mon lycée est sévère. ③ Ma grande sœur étudie les mathématiques. C'est son point fort.

D 学校 ; 小学生 ; 先生

E 学 : 小学 ; 中学 ; 学校 ; 学生 ; 小学生 ; 中学校

049 行 – 050 来

A ① きんようびに いく つもりです。② にほんに きてから、もう いちねんはんに なります。③ かねやまさんは らいげつ にほんに いきます。④ らいねん にほんの ともだちは うちへ きます。
① J'ai l'intention d'y aller vendredi. ② Cela fait déjà un an et demi que je suis arrivée au Japon. ③ Madame Kaneyama ira au Japon le mois prochain. ④ L'année prochaine, des amis japonais viendront chez moi.

B 行く ; 六行目 ; りょ行 ; 来る ; 来年 ; 来月
Aller ; la sixième ligne ; voyage ; venir ; l'année prochaine ; le mois prochain

C ① 来しゅう はじめて ひ行きに のります。② 五行目から 九行目まで よんで ください。③ しょう来 ぎん行いんに なりたいです。④ 今年も 来年も 来ないでしょう。⑤ ロケットで うちゅうりょ行に 行きたいです。
① Je prendrai l'avion pour la première fois la semaine prochaine. ② Lisez de la cinquième à la neuvième ligne ! ③ J'aimerais être employée de banque dans l'avenir. ④ Il ne devrait venir ni cette année, ni l'année prochaine. ⑤ J'aimerais faire un voyage spatial avec une fusée.

D 来年(らいねん) ; 来ます(きます) ; りょ行(りょこう) ; くる(くる) ; 一行(いちぎょう) ; 来ない(こない)

L'année prochaine ; venir (poli) ; voyage ; venir (neutre) ; une ligne ; ne pas venir (neutre)

051 見 – 052 休

A ① しがつは さくらの きの したで はなみを します。② でんしゃの まどから ふじさんが みえます。③ つかれましたか。すこし やすみましょう。
① En avril, on contemple les fleurs sous les cerisiers. ② On voit le Mont Fuji de la fenêtre du train. ③ Êtes-vous fatigué ? Reposons-nous un peu.

B 見る ; はな見 ; 見ぶつする ; 休む ; 休日 ; なつ休み
Regarder ; contemplation des fleurs de cerisiers ; visiter ; se reposer ; jour de repos ; vacances d'été

C ① 日曜日は 休日です。② さいふが 見つかりました．③ ひる休みに おべんとうを たべます。④ いもうとに あたらしい くつを 見せます。⑤ たからものを 見つけました。
① Le dimanche est un jour de repos. ② Un portefeuille a été retrouvé. ③ Je mange un *bentô* [panier-repas] lors de la pause de midi. ④ Je montre mes nouvelles chaussures à ma petite sœur. ⑤ J'ai trouvé un trésor.

D 田中さん、
げんきですか。わたしは なつ休みに 九しゅうへ 行きました。車で ながさきまで 行きました。小さい ホテルで ねました。まどから 木と うみが 見えました。とても きれいでした。
Chère Madame Tanaka,
Comment allez-vous ? Pour les vacances d'été, je suis allée dans le Kyûshû. Je suis allée en voiture jusqu'à Nagasaki. J'ai dormi dans un petit hôtel. De la fenêtre, on voyait des arbres et la mer. C'était très beau.

053 私 – 054 好

A ① わたしは すきで にほんごを まなびます。② これは わたしの いちばん すきな ほんです。③ にくより さかなの ほうが すきです。④ わたしは しりつの ちゅうがっこうに いきます。
① J'étudie le japonais par passion. ② Voici mon livre préféré. ③ Je préfère le poisson à la viande. ④ Je vais dans un collège privé.

B 私 ; 私たち ; 好き ; 大好き ; 好ぶつ ; 私りつ
Je ; nous ; aimé ; adoré ; (être) friand (de) ; privé

C ① 私たちは 日本の テレビを 見ました。しかし、ぜんぜん 分かりませんでした。② 私は がいこくの 大きい 車が 大好きです。③ さかなは ねこの 大好ぶつです。④ 私の つぎは 大田さんです。
① Nous avons regardé la télévision japonaise. Mais je n'ai rien compris. ② J'adore les grosses voitures étrangères. ③ Le chat est très friand de poisson. ④ Après moi, il y a madame Oota.

D A. : c. ; B. : a. ; C. : e. ; D. : f. ; E. : g. ; F. : b. ; G. : h. ; H. : d.

055 々

A ① しあわせな ひびを すごします。② ひとびとは こうていに あつまりました。③ ときどき デザートに メロンを たべます。④ ねんねん ねだんが あがります。

① Je vis des jours heureux. ② Les gens se sont rassemblés dans la cour d'école. ③ Parfois, je mange du melon en dessert. ④ Année après année, les prix augmentent.

B 人々 ; 時々 ; 木々 ; 日々 ; 年々 ; 山々
Les gens ; parfois ; les arbres ; les jours ; les années ; les montagnes

C ① まどから こうえんの 木々が 見えます。② ここから 日本アルプスの 山々が 見えます。③ 人々は 口々に「むりです」と いいました。
① De la fenêtre, nous voyons les arbres du parc. ② D'ici, on voit les monts des Alpes japonaises. ③ Les gens dirent chacun « c'est impossible ».

D 田中（たなか）さん ; 山口（やまぐち）さん ; 山田（やまだ）さん ; 水木（みずき）さん

056 父 – 057 母

A ① ははの ははは そぼです。ちちの ちちは そふです。② おとうさんと おかあさんの しごとは なんですか。③ ことしは、ははの ひは なんがつなんにちですか。④ こどもの とき、ははが えほんを よみました。
① La mère de la mère est la grand-mère. Le père du père est le grand-père. ② Quel est le travail de votre père et de votre mère ? ③ Cette année, quel jour a lieu la fête des mères ? ④ Quand j'étais enfant, ma mère [me] lisait des livres d'images.

B 父 ; お父さん ; そ父 ; 母 ; お母さん ; そ母
(Mon) père ; (votre) père, papa ; grand-père ; (ma) mère ; (votre) mère, maman ; grand-mère

C ① 父は いつも 母に そう いいました。② 父と 母は 父母です。③ お父さんに よろしくと いって ください。④ そ母の なまえは 金子ゆき子で、そ父の なまえは 田山時男です。⑤ 母は 父から はなを もらいました。
① Mon père disait toujours cela à ma mère. ② Le père et la mère forment ce que l'on appelle les « parents ». ③ Faites mes salutations à votre père. ④ Ma grand-mère s'appelle Kaneko Yukiko, et mon grand-père Tayama Tokio. ⑤ Ma mère a reçu des fleurs de la part de mon père.

D そ父 ; そ母 ; そ父 ; そ母 ; 母 ; 父

058 体 – 059 耳

A ① わたしは たいいくの じかんが すきです。② こやまさんは からだが おおきいです。③ みみかきは たけで できて います。④ おじいさんの みみが とおいです。
① J'aime l'heure de sport. ② Monsieur Koyama a une carrure imposante. ③ Le gratte-oreille est fait avec du bambou. ④ Le grand-père n'entend pas bien.

B 体 ; 体いく ; 大体 ; 体にいい ; 耳 ; 耳がいい
Corps ; culture physique ; à peu près ; bon pour le corps ; oreille ; avoir une bonne oreille

C ① 子どもは 体が 小さいです。② おんがくかは 耳が いいです。③ 父は さいきん 体に きを つけます。④ 大体 何時に 行きますか。
① Les enfants ont un petit corps. ② Les musiciens ont une bonne oreille. ③ Mon père fait attention à sa santé ces derniers temps. ④ À quelle heure environ y allez-vous ?

D 私 ; 好 ; 体 ; 休 ; 時 ; 曜 ; 校

060 手 – 061 足

A ① わかった ひとは みぎてを あげて ください。② おてあらいは どこですか。③ まいにち てあしを つかって うんどうを します。④ ひだり あしが いたく なりました。
① Ceux qui ont compris, levez la main droite ! ② Où sont situées les toilettes ? ③ Tous les jours, je fais de la culture physique avec les bras et les jambes. ④ J'ai le pied gauche qui s'est mis à me faire mal.

B 手 ; お手あらい ; 手つだう ; きっ手 ; 足 ; 手足
Mains ; toilettes ; aider ; timbre ; jambe ; membres

C ① この 手がみには、きっ手が 一まい ひつようです。② もっと 上手に なりたいです。③ さるは 手足が ながいです。④ 水が 足りません。ですから、手は あらいませんでした。
① Il faut un timbre pour cette lettre. ② J'aimerais être plus doué. ③ Le singe a de longs membres. ④ Il n'y a pas assez d'eau. C'est pourquoi, je ne me suis pas lavé les mains.

D (De haut en bas) à gauche : 目 ; 口 ; 手 ; 足 ; à droite : 耳 ; 手 ; 体 ; 足

062 早 – 063 元

A ① あさ、「おはよう ございます」と いいます。② できるだけ はやく して ください。③ けさ、はやく おきました。ねむいです。④「おげんきですか。」
① Le matin, je dis « bonjour ». ② Faites le plus vite possible ! ③ Ce matin je me suis levé tôt. J'ai sommeil. ④ « Comment allez-vous ? ».

B 早い ; お早うございます ; 早く ; 元き［な］; お元きで ; 元日
tôt ; bonjour (le matin) ; de bonne heure, vite ; être en forme, vif ; portez-vous bien ; 1er janvier

C ① 元日は 一月一日です。元日の あさは 「あけまして おめでとう ございます」と いいます。② 学校の 日は 早く おきます。③ ねこは 元の いえに かえりました。④ 元ガールフレンドには もう あいません。⑤ すべりますよ。足元に きをつけて ください。
① Le premier jour de l'année est le 1er janvier. Le matin du 1er janvier on dit « Bonne année ». ② Les jours d'école, je me lève tôt. ③ Le chat est retourné à sa première demeure. ④ Je ne vois plus mon ex-petite amie. ⑤ Attention, ça glisse ! Faites attention à vos pieds.

D 休 ; 日 ; 好

064 天 – 065 気

A ① にほんの あきは いい てんきの ひが おおいです。② かぜには じゅうぶん きを つけて ください。③ おおやまさんは いつも げんきです。④ らいねんから、あたらしい でんきの くるまが でます。
① À l'automne au Japon, il y a beaucoup de belles journées. ② Faites bien attention de ne pas attraper un rhume ! ③ Madame Ooyama est toujours en pleine forme. ④ À compter de l'année prochaine, va sortir un nouveau véhicule électrique.

B 天気 ; 元気 ; 気をつける ; でん気 ; 気もち ; 人気
Temps (climat) ; (être en) forme ; faire attention ; électricité, lumière ; sentiment ; succès

C ① 今日は いい 天気ですか。② 父は でん気がいしゃで はたらきます。③ この 人の 気もちは 分かりません。④ 先生は 人気が あります。⑤ 天気よほうに よると、天気が いいそうです。
① Va-t-il faire beau aujourd'hui ? ② Mon père travaille dans une société d'électricité. ③ Je ne comprends pas son sentiment. ④ Notre professeur est populaire. ⑤ D'après le bulletin météorologique, il va faire beau.

D 学校 ; 天気 ; 今年 ; 父母

066 雨 – 067 雪

A ① ことしの なつは よく あめが ふります。② おおゆきで くるまと バスが はしりません。③ こどもは ゆきだるまを つくりました。④『ゆきぐに』と いう ほんを よみましたか。
① Cet été, il pleut souvent. ② Avec ces fortes chutes de neige, les voitures et les trains ne circulent pas. ③ Les enfants ont fait un bonhomme de neige. ④ Avez-vous lu un livre qui s'appelle « Pays de neige » ?

B 雨 ; 大雨 ; 雨天 ; 雪 ; 大雪 ; 雪男
Pluie ; forte pluie ; ciel pluvieux ; neige ; forte neige ; Yukio (prénom)

C ① 今日は 天気よほうに よると はれ 時々 あめです。② 今年の おしょう月は 雪が ふりました。木々が まっしろに なりました。人々は 手ぶくろを はめて、バスを まって います。早く あたたかい うちへ かえります。
① Aujourd'hui, selon les prévisions météorologiques, il fera beau avec parfois quelques pluies. ② Il a neigé cette année au Nouvel An. Les arbres sont devenus tout blancs. Les gens ont mis leurs gants et attendent le bus. Ils rentrent vite dans leur maison bien chauffée.

D 雨 ⇔ 雪 ; 男 ⇔ 女 ; 行 ⇔ 来 ; 日 ⇔ 月

068 電 – 069 物

A ① でんしゃの なかで でんわの ベルが なりました。② この くるまは でんきを つかいます。③ どんな たべものが いちばん すきですか。④ ほんとうの きものは きれいです。
① Dans le train, une sonnerie de téléphone a retenti. ② Cette voiture utilise de l'électricité. ③ Quel est votre nourriture préférée ? ④ Les vrais kimono sont beaux.

B 電気 ; 電車 ; 電わ ; 物 ; くだ物 ; たて物
Électricité, lumière ; train ; téléphone ; chose ; fruit ; immeuble, bâtiment

C ① あの まるい 物は 何ですか。② この に物は おもいです。③ くだ物は 体に いいです。④ パリの 見物を 一日で しました。⑤ かい物を してから ぎん行に 行きます。
① Qu'est-ce que cette chose ronde ? ② Ce bagage est lourd. ③ Les fruits sont bons pour le corps. ④ Nous avons fait la visite de Paris en une journée. ⑤ Après les courses, j'irai à la banque.

D 電気 ; 天気 ; 元気 ; 人気

070 糸 – 071 貝

A ① おとこの こは かいがらを ひろいます。② ムールがいと フライドポテトを たべました。③ いとを きります。④ この いえに くもの いとが たくさん あります。
① Le garçon ramasse des coquillages. ② J'ai mangé des moules et des frites. ③ Je coupe un fil. ④ Dans cette maison, il y a beaucoup de toiles (fils) d'araignée.

B 糸 ; け糸 ; 貝 ; ムール貝 ; 貝がら ; ほたて貝
Fil ; laine ; coquillage ; moule ; coquillage (vide) ; coquille saint-Jacques

C ① この 糸を ひくと、電気が つきます。② け糸の セーターは あたたかいです。③ 貝がらの 中で うみの おとが きこえます。 ④ こい人の あいだに あかい 糸が あります。
① Lorsque l'on tire ce fil, la lumière s'allume. ② Un pull en laine, c'est chaud. ③ J'entends le bruit de la mer dans un coquillage. ④ Entre les amoureux, il y a un fil rouge.

D 雨 → 雪, 電 ; 田 → 男 ; 曰 → 早 ; イ → 何, 体, 休 ; 目 → 見 ; 日 → 時 曜

072 買 – 073 売

A ① かいものに いきました。しかし、おかねが たりませんでした。なにも かいませんでした。② いえを やすく かって、たかく うりました。③ あの ものは どこで うって いますか。
① Je suis allé faire les courses. Mais je n'avais pas suffisamment d'argent. Je n'ai rien acheté. ② J'ai acheté une maison pour un bon prix et l'ai revendue chère. ③ Où vend-on cet objet ?

B 買う ; 買い物 ; 売る ; 売りば ; 売り物 ; 売てん
Acheter ; courses, commissions ; vendre ; rayon ; article, marchandise ; boutique, kiosque

C ① 小山さんは この ふるい 本を 一万円で 買って、二万円で うりました。② 父の かいしゃは いえや アパートを 売ったり 買ったり する かいしゃです。③ 売てんの 売り物は 日本の ざっしや しんぶんなどです。チューインガムや サンドイッチや のみ物も 売って います。④ 八百やさんの くだ物売りばで さくらんぼうを たくさん 買いました。⑤ 本やで 本を たくさん 買いました。
① Monsieur Koyama a acheté ce vieux livre dix mille yens et l'a revendu vingt mille. ② La société de mon père achète des maisons et des appartements et les revend. ③ Le kiosque vend des revues et des journaux japonais. Il vend également des chewing-gums, des sandwiches et des boissons. ④ J'ai acheté beaucoup de cerises au rayon fruits du marchand des quatre-saisons. ⑤ À la librairie, j'ai acheté de nombreux livres.

074 入 – 075 出

A ① いりぐちは どこですか。② この かばんに この ほんは はいりません。③ いえから はちじに でます。④ でぐちは あちらです。
① Où est l'entrée ? ② Ce livre n'entre pas dans ce sac. ③ Je sors de chez moi à 8 heures. ④ La sortie est par-là.

B 入る ; 入れる ; 入口 ; 出る ; 出す ; 出口

Entrer ; mettre dedans ; entrée ; sortir ; sortir (quelque chose) ; sortie

C ① これは 日本の おもい出です。② 山口さんは きのう 入いん しました。③ 先生が 出せきを とります。④ 水曜に リサイクルの ごみを 出します。⑤ 出ぱつの 日が ちかいです。⑥ 手がみを ゆうびんばこに 入れます。
① C'est un souvenir du Japon. ② Hier, madame Yamaguchi est entrée à l'hôpital. ③ Le professeur fait l'appel. ④ Je sors les poubelles recyclables le mercredi. ⑤ Le jour du départ est proche. ⑥ Je mets une lettre dans la boîte aux lettres.

D いえから → 出かけます。ごみを → 出します。コップに → 水を入れます。きょうしつに → 入ります。ちかてつの えきから → 出ます。
Je pars de chez moi. Je sors les poubelles. Je mets de l'eau dans un verre. J'entre dans la salle de classe. Je sors de la station de métro.

076 食 – 077 飲

A ① なんじに あさごはんを たべますか。② しょくじの じかんです。③ おのみものは なにに しますか。④ この こは ミルクは のみません。
① À quelle heure prenez-vous votre petit déjeuner ? ② C'est l'heure du repas. ③ Que prendrez-vous comme boisson ? ④ Cet enfant ne boit pas de lait.

B 食べる ; 食べ物 ; 食じ ; 食べかた ; 飲む ; 飲み物
Manger ; nourriture ; repas ; manière de manger ; boire ; boisson

C ① パンを 食べて、ジュースを 飲みます。② おはしで 食べる ことは できません。③ 飲み水を もって 来て もらいました。④ まい日 学生食どうで 食べます。
① Je mange du pain et je bois un jus d'orange. ② Je ne sais pas manger avec des baguettes. ③ On m'a apporté de l'eau potable. ④ Je mange tous les jours au restaurant universitaire.

D 入口：ちち（父）→ ちいさい（小）→ いと（糸）→ とお（十）→ おんな（女）→ なか（中）→ からだ（体）→ だい（大）→ いち（一）→ ちから（力）→ らい（来）:出口

078 飯 – 079 作

A ① ひるごはんを しょくどうで たべます。② あさごはんに なっとうを たべます。③ かつどんの つくりかたを おしえて ください。④ らいしゅうの しゅくだいは さくぶんです。
① Je mange mon déjeuner à la cantine. ② Au petit déjeuner, je mange du *nattô*. ③ Apprenez-moi la recette du *katsudon*. ④ Le devoir de la semaine prochaine est une rédaction.

B ご飯 ; あさご飯 ; ひるご飯 ; 作る ; 作りかた ; 作ぶん
Riz cuit ou repas ; petit déjeuner ; déjeuner ; fabriquer ; manière de faire, recette ; rédaction

C ① ばんご飯は 何時に たべますか。② ご飯と うめぼしで 日のまるべんとうを 作ります。③ きのうの のこりご飯で おむすびを 作ります。④ 手作りの りょうりは おいしいです。⑤ この 作かは とても ゆうめいです。

① À quelle heure dînez-vous ? ② Avec du riz et une prune salée je prépare un *bentô* « drapeau japonais ». ③ Avec le reste de riz d'hier, je prépare des boules de riz. ④ La cuisine faite maison est délicieuse. ⑤ Cet écrivain est très célèbre.

D (5) (5) (4) (7) (11) (5)

080 言 – 081 読

A ① これは にほんごで なんと いいますか。② この いいかたは わかりません。③ でんしゃの なかで ほんを よみました。④ わたしは どくしょが だいすきです。
① Comment dit-on cela en japonais ? ② Je ne comprends pas cette expression. ③ J'ai lu un livre dans le train. ④ J'adore la lecture.

B 言う ; 言いかた ; 言ば ; 読む ; 読みかた ; 読しょ
Dire ; expression ; mot, parole, langue ; lire ; manière de lire, prononciation ; lecture

C ① よく あたらしい 言ばを つくります。② 読しゃから 手がみを もらいました。③ 一言で 言うと、天さいです。④ この かんじの 読みかたを わすれました。⑤ ようじが あるから、来ないと 言いました。
① Il fabrique souvent de nouveaux mots. ② J'ai reçu une lettre d'un lecteur. ③ En un mot, c'est un génie ! ④J'ai oublié la prononciation de ce caractère. ⑤ Comme il a quelque chose à faire, il a dit qu'il ne viendrait pas.

D 物 (clef de la vache, le 3e trait doit dépasser) ; 物 (confusion avec la clé de la main, il manque le 1er trait) ; 食 (il manque le dernier trait) ; 飲 (la clé de la nourriture ne prend pas le point à la fin) ; 読 (deux erreurs : dans la partie droite, en haut, l'équilibre des traits horizontaux est inversé, le trait du haut doit être long et celui au-dessous, court ; le dernier trait, courbé, doit être crocheté)

082 話 – 083 語

A ① これは おもしろい はなしです。② いちねんまえから にほんごの べんきょうを はじめました。③ でんわで ともだちと はなしを します。
① Ceci est une histoire intéressante. ② J'ai commencé l'étude du japonais il y a un an. ③ Je discute avec un ami au téléphone.

B 話す ; 話しかた ; 電話 ; 日本語 ; がいこく語 ; 言語
Parler ; manière de parler ; téléphone ; langue japonaise ; langue étrangère ; langue

C ① 年上の 人に 話す 時、話し方に 気を つけて、ていねいに 話しましょう。② 言語の べんきょうが 大好きです。③ かい話を ききます。④ えい語と フランス語を ならって います。⑤ きょ年は おせ話に なりました。
① Quand on parle à une personne plus âgée que soi, faisons attention à notre manière de parler et exprimons-nous poliment. ② J'adore l'étude des langues. ③ J'écoute une conversation. ④ J'apprends l'anglais et le français. ⑤ Merci de votre bienveillance tout au long de l'année dernière.

D 大雨 (forte pluie) ; そ父 (grand-père) ; サッカー (football) ; ツイッター (réseau social en 140 caractères) ; スマホ (abréviation de smart phone) ; としょかん (bibliothèque) ; 金土日 (vendredi, samedi et dimanche = long week-end, ou très agréable) ; 行ったり来たりする (aller et venir)

084 書 – 085 立

A ① まいしゅう、ちちと ははに てがみを かきます。② たてやまさんは どくしょが すきです。③ しりつとしょかんで じしょを つかいます。④ さんじかんも でんしゃの なかで たって いました。

① Toutes les semaines, j'écris à mon père et à ma mère. ② Madame Tateyama adore la lecture. ③ J'utilise les dictionnaires de la bibliothèque privée. ④ Je suis resté trois bonnes heures debout dans le train.

B 書く ; きょうか書 ; じ書 ; 読書 ; 立つ ; 私立

Écrire ; manuel ; dictionnaire ; lecture ; se lever ; privé

C ① 先生は きょうだんに 立って いつも 話して います。② 立田さんは 今 立ちました。③ この じの 書きかたを おしえて ください。④ ここに 名まえを 書いて ください。⑤ この きょうか書は やくに 立ちます。

① Le professeur, debout sur l'estrade, parle tout le temps. ② Monsieur Tatsuta vient de se lever à l'instant. ③ Montrez-moi comment on écrit ce caractère ! ④ Écrivez votre nom ici. ⑤ Ce manuel est très utile.

D 元 ; 来 ; 好 ; 男 ; 時 ; 気 ; 書

086 門 – 087 聞

A ① くるまは おおきな もんから はいります。② こうもんは じゅうじに しまります。③ この かいわを きいて ください。④ まいあさ しんぶんを よみます。

① La voiture entre par le grand portail. ② Les portes de l'école ferment à 10 heures. ③ Écoutez ce dialogue s'il-vous-plaît. ④ Tous les matins, je lis le journal.

B 門 ; 校門 ; せん門 ; 聞く ; 聞こえる ; 新聞

Porte, portail ; porte de l'école ; spécialité ; écouter ; entendre ; journal

C ① 日立さんの せん門は 何ですか。② きれいな おんがくを 聞きます。③ とりの こえが 聞こえます。④ となりの へやから おんがくが 聞こえます。⑤ 校門の ベルを ならします。

① Madame Hitachi, quelle est votre spécialité ?② J'écoute une belle musique. ③ J'entends le cri des oiseaux. ④ J'entends de la musique dans la chambre d'à côté. ⑤ Je sonne à la porte d l'école.

D 食→口 ; 見→目 ; 聞→耳 ; 書→手

088 家 – 089 間

A ① まいにち なんじに いえに かえりますか。② その さっかは おおきい いえに すんで います。③ たちかわさんは なんにん かぞくですか。④ きのう ながい あいだ ほんを よみました。

① À quelle heure rentrez-vous chaque jour chez vous ?② Cet écrivain habite une grande maison. ③ Combien êtes-vous dans votre famille, monsieur Tachikawa ? ④ Hier, j'ai lu pendant un long moment.

B 家 ; 家ぞく ; 作家 ; 間 ; 時間 ; 間ちがい

Maison ; famille ; écrivain ; entre, pendant ; temps ; erreur

C ① 日本語の 時間です。② とうきょうと きょうとの 間に 電車が あります。③ 糸口さんの 家を しって いますか。④ 学校の 休みは 一しゅう間です。⑤ 間ちがいを たくさん しました。

① C'est l'heure du cours de japonais. ② Il y a un train entre Tôkyô et Kyôto. ③ Savez-vous [où est] la maison de Madame Itoguchi ? ④ Les vacances scolaires dureront une semaine. ⑤ J'ai fait beaucoup d'erreurs.

D 家

九	五	七	五	三	五	六	一	三	五	一	九	三
六	二	四	六	四	二	六	四	二	四	六	四	六
四	五	三	七	一	五	五	一	七	五	九	五	六
六	五	六	四	六	四	二	六	四	六	四	九	六
七	五	三	五	五	八	五	七	五	九	七	五	七
九	七	一	五	二	四	二	九	五	七	八	五	七
七	三	五	四	五	九	六	八	七	六	五	三	九
五	九	六	一	三	四	三	七	二	九	五	一	九
五	四	九	五	四	五	五	六	六	四	一	三	五
二	五	九	二	七	五	八	三	二	九	八	五	九
七	五	四	一	五	四	一	七	六	三	五	二	五
五	四	五	七	二	一	七	四	九	五	七	五	五
五	七	五	四	七	四	八	五	五	三	五	一	三

090 右 – 091 左

A ① にほんは くるまは ひだりがわを はしります。ですから、みちを わたる とき、まず みぎを みます。② テニスで みぎてで うちます。③ ひだりあしで ボールを けります。

① Au Japon, les voitures roulent à gauche. C'est pourquoi lorsque je traverse, je regarde d'abord à droite. ② Au tennis, je frappe avec la main droite. ③ Je frappe la balle avec le pied gauche.

B 右 ; 右手 ; 右足 ; 左 ; 左手 ; 左足

Droite ; main droite ; jambe droite ; gauche ; main gauche ; jambe gauche

C ① ぎんこうの あと、右に まがって ください。② 右がわは 山口さんの 家です。③ 左に 小さい 田んぼが あります。④ 私は 左手で じを 書きます。

① Après la banque, tournez à droite. ② Du côté droit, c'est la maison de Madame Yamaguchi. ③ À gauche, il y a une petite rizière. ④ J'écris de la main gauche.

D 丂 → 万 ; ⺊ → 上 ; 夂 → 女 ; 甼 → 男 ; 丨 → 出 ; ノ → 九 ; 一 → 左 ; ノ → 右

092 前 – 093 後

A ① いえの まえに ちいさい にわが あります。② ごぜんくじじゅうごふんまえの でんしゃに のります。③ まいにち、ごご スポーツを やります。④ くるまの うしろの せきに すわります。

① Devant la maison, il y a un petit jardin. ② Je prends le train de 9 heures moins le quart du matin. ③ Tous les après-midi, je fais du sport. ④ Je me suis assis sur la banquette arrière de la voiture.

B 前 ; な前 ; ご前 ; 後 ; 後ろ ; ご後

Devant, avant ; nom ; matinée ; après ; derrière ; après-midi

C ① 前だ さんは 一時間前に かえりました。② おな前は 何ですか。③ ご前も ご後も えいがを 見る ことが できます。④ ご前 十時半の バスに のります。⑤ ご後七時半に ラジオを 聞きます。⑥ その 後 テニスを しましょう。

① Madame Maeda est rentrée il y a une heure. ② Quel est votre nom ? ③ On peut voir des films aussi bien en matinée que dans l'après-midi. ④ Je prends le bus de 10 heures et demie du matin. ⑤ J'écoute la radio à 7 heures et demie du soir. ⑥ Allons faire un tennis, ensuite !

D

千	時	本
東	先	木
来	二	前

何	二	後
金	百	五
三	書	四

094 内 – 095 外

A ① きいろい せんの うちがわを あるいて ください。② てんきが いい とき、がくせいは そとで べんとうを たべます。③ がいこくごが すきです。
① Ne marchez pas au-delà de la ligne jaune. ② Lorsqu'il fait beau, les étudiants mangent leur *bentô* dehors. ③ J'aime les langues étrangères.

B 内がわ ; あん内する ; 家内 ; 外 ; 外こく ; かい外
Intérieur ; guider, montrer le chemin ; ma femme ; extérieur ; pays étranger ; pays étranger, outre-mer

C ① 家内は 今 家に いません。② 外こく人は ビザが ひつようです。③ 外食は レストランで たべる ことです。④ フランス語は れい外が おおいです。⑤ この もんだい い外 ぜんぶ こたえました。⑥ 外で 雪だるまを 作ります。⑦ まちを あん内 しましょう。
① Ma femme n'est pas à la maison en ce moment. ② Les étrangers ont besoin d'un visa. ③ « Manger dehors » veut dire manger dans un restaurant. ④ Il y a de nombreuses exceptions en français. ⑤ À part ce problème, j'ai répondu à tous les autres. ⑥ Je fabrique un bonhomme de neige dehors. ⑦ Je vais vous guider dans la ville.

D ① b (いつか、家へ 来て ください。) ; ② a (さとうが もう ないです。) ; ③ a (コートの 内がわに ポケットが あります)
① Venez chez nous un de ces jours. ② Il n'y a plus de sucre. ③ Il y a une poche à l'intérieur du manteau.

096 犬 – 097 馬

A ① となりの いえの いぬは かわいいです。② いえの まえの にわに いぬごやを つくりました。③ この うまは みみが たって います。④ らいねんは いぬどしに なります。
① Le chien de la maison voisine est adorable. ② Dans le jardin devant la maison, j'ai construit une niche pour le chien. ③ Ce cheval a les oreilles dressées. ④ L'année prochaine sera l'année du chien [dans l'astrologie chinoise].

B 犬 ; 犬小や ; 犬年 ; 馬 ; 馬車 ; じょう馬
Chien ; niche ; année du chien ; cheval ; carriole ; équitation

C ① 馬に ついての え本です。② あの 犬の 足と 耳は しろいです。③ 馬に のる ことが 大好きです。まいしゅう、じょう馬を やります。時々、馬車に ものります。④ 父は 馬年に 生まれました。
① Il s'agit d'un livre d'images sur les chevaux. ② Ce chien a les pattes et les oreilles blanches. ③ J'aime monter à cheval. Toutes les semaines je pratique l'équitation. Je monte aussi parfois en voiture à cheval. ④ Mon père est né l'année du cheval.

D Le composant commun est 口 : 何 ; 足 ; 語 ; 読 ; 話 ; 右 ; 中 ; 言

098 鳥 – 099 魚

A ① あさ、とりの こえが きこえます。② おやこどんぶりは たまごと とりにくが はいって います。③ にほんじんは なまの さかなを たべます。
① Le matin, j'entends le cri des oiseaux. ② Dans le *oyako-donburi,* il y a de l'œuf et du poulet. ③ Les Japonais mangent du poisson cru.

B 鳥 ; 鳥にく ; はく鳥 ; 魚 ; 魚や ; 金魚
Oiseau ; viande de poulet ; cygne ; poisson ; poissonnerie ; poisson rouge

C ① 三びきの 金魚が およいで います。② あの きれいで しろい 鳥は はく鳥です。③ ばんご飯は 鳥にくが いいですか。それとも 魚が いいですか。④ こうえんで 犬が 鳥を おどかします。⑤ うみ馬という どうぶつを しって いますか。⑥ クリスマスに 七めん鳥を 食べます。⑦『火の鳥』は 有名な まんがです。⑧ 魚やで さしみを 買いました。
① Trois poissons rouges sont en train de nager. ② Ce bel oiseau blanc est un cygne. ③ Pour dîner, préférez-vous de la viande de poulet. Ou bien du poisson ? ④ Dans le parc, le chien effraie les oiseaux. ⑤ Connaissez-vous un animal qui s'appelle l'hippocampe (cheval de mer) ? ⑥ Nous mangeons de la dinde à Noël. ⑦ « L'Oiseau de feu » est un manga célèbre. ⑧ J'ai acheté du *sashimi* chez le poissonnier.

100 牛 – 101 肉

A ① にほんは うしが すくないです。② まいあさ ぎゅうにゅうを のみます。③ うしの にくを ぎゅうにくと いいます。④ この にくやの とりにくは おいしいです。
① Il y a peu de vaches au Japon. ② Je bois du lait [de vache] tous les matins. ③ On appelle la viande de bœuf « gyûniku » (viande de bœuf). ④ La volaille de ce boucher est délicieuse.

B 牛 ; 牛にゅう ; 肉 ; 牛肉 ; 鳥肉 ; 肉や
Vache ; lait ; viande ; viande de bœuf ; poulet, volaille ; boucher

C ① 牛田さんは 魚りょうりより 肉りょうりが 好きです。牛山さんは 肉より 魚の ほうが 好きです。② こうべの 牛肉は ゆうめいで、こうべ牛と 言います。③ 私は、肉は 食べません。
① Monsieur Ushida préfère la viande au poisson. Monsieur Ushiyama préfère le poisson à la viande. ② Le bœuf de Kôbe est réputé, on l'appelle « kôbegyû ». ③ Je ne mange pas de viande.

D A. : d. ; B. : a. ; C. : b. ; D. : c. ; E. : f. ; F : h. ; G. : e. ; H. : g.

102 道 – 103 駅

A ①「えきは どこですか」と みちを ききました。② いとやまさんは じゅうどうが つよいです。③ えきの まえに コンビニが あります。④ えきまえの スーパーで かいものを します。
① J'ai demandé mon chemin « où est la gare ? » ② Madame Itoyama est forte en jûdô. ③ Devant la gare il y a un *konbini.* ④ Je fais mes courses au supermarché devant la gare.

B 道 ; 道ろ ; ほっかい道 ; 駅 ; 駅前 ; 駅の人

Chemin ; route ; Hokkaidô ; gare ; devant la gare ; personne (employé) de la gare.

C ① 駅までの 道が 分かりません。三田さんは 駅から 家までの ちずを 書きました。② じんじゃは しんとうです。③ 「三田駅で おりますか」と 駅いんさんに 聞きました。④ 休みに ほっかい道を りょ行 しました。⑤ 駅いんが 出口を おしえます。⑥ むかし、馬に のって とうかい道を たび しました。

① Je ne connais pas le chemin jusqu'à la gare. Monsieur Mita a dessiné un plan de la gare jusqu'à sa maison. ② Les sanctuaires (*jinja*) appartiennent à la religion shintô. ③ J'ai demandé à l'employé de gare si l'on descendait à la gare de Mita. ④ Pendant les vacances j'ai voyagé dans l'île d'Hokkaidô. ⑤ L'employé de la gare indique la sortie. ⑥ Autrefois, on voyageait à cheval sur la route du Tôkaidô.

104 毎 – 105 朝

A ① あの ひとは まいとし にほんに かえります。② うまみちさんは まいあさ でんしゃで きます。③ あさごはんは パンに しますか、ごはんに しますか。④ どようびから けさまで ストライキでした。

① Il rentre tous les ans au Japon. ② Madame Umamichi vient tous les matins en train. ③ Préférez-vous un petit déjeuner à l'occidental (à base de pain) ou à la japonaise (à base de riz) ? ④ Il y a eu une grève depuis samedi jusqu'à ce matin.

B 毎日 ; 毎月 ; 毎年 ; 朝 ; 今朝 ; 毎朝

Tous les jours ; tous les mois ; tous les ans ; matin ; ce matin ; tous les matins

C ① 朝 早く おきます。② 毎年、おしょう月に きこく します。③ 今朝，九時半に 家を 出て、学校に 行きました。④ 毎日 ニュースを テレビで 見ます。

① Je me lève tôt le matin. ② Tous les ans, je rentre dans mon pays pour le Nouvel An. ③. Ce matin, je suis sortie de chez moi à 9 heures et demie et je suis allée à l'école. ④ Tous les matins, je regarde les informations à la télévision.

D 毎日 (まいにち) tous les jours ; 毎月 (まいつき) tous les mois ; 毎年 (まいとし) tous les ans ; 毎朝 (まいあさ) tous les matins, etc. Seront appris plus tard : 毎夜 (まいよ) toutes les nuits ; 毎週 (まいしゅう) toutes les semaines

106 午 – 107 昼

A ① と書かんは ごぜん じゅうじから あきます。② ごごは ひるねを します。③ ひるやすみは ともだちと おくじょうで べんとうを たべます。

① La bibliothèque ouvre à 10 heures du matin. ② L'après-midi, je fais une sieste. ③ À la pause de midi, je vais manger mon *bentô* avec mes amis sur la terrasse sur le toit.

B 午前 ; 午後 ; 昼 ; 昼ご飯 ; 昼休み ; 昼食

Matinée ; après-midi ; midi ; déjeuner ; pause du midi ; déjeuner

C ① 毎日 午前中は 学校が あります。その 後、午後は 部活へ 行きます。② 昼食は あまり 時間が ありません。ですから、かいしゃで 食べます。③ 今日の 昼食の メニューは 何ですか。

④ お昼の ベルが なります。⑤ 昼ご飯に おそばを 食べました。
① Tous les jours, j'ai école la matinée. Ensuite, l'après-midi, je vais à mes activités en club. ② Je n'ai pas beaucoup de temps pour déjeuner. C'est pourquoi je mange dans l'entreprise. ③ Quel est le menu du déjeuner aujourd'hui ? ④ La sonnerie de midi retentit.⑤ Pour le repas de midi, j'ai mangé des nouilles *soba*.

D 牛肉 viande de bœuf ; 昼休み pause du midi ; 午後 après-midi ; 昼食 déjeuner ; 食べ物 nourriture ; 電車 train

108 夜 – 109 夕

A ① よる じゅうじに ねます。② よなか、でんわを しては いけません。③ こんや、おおあめが ひどく ふると いいました。④ ゆうがたから、ゆきが すこし ふりました。
① Je me couche le soir à 10 heures. ② Il ne faut pas téléphoner en pleine nuit. ③ Il paraît qu'il va y avoir de très fortes pluies cette nuit. ④ Il est tombé quelques flocons depuis la fin de l'après-midi.

B 夜 ; 夜中 ; 今夜 ; 夕べ ; 夕がた ; ま夜中
Nuit ; en pleine nuit ; cette nuit ; hier soir ; fin d'après-midi, début de soirée ; minuit

C ① 夏の 夜は あついです。② 日曜日の 夜に 家に かえります。③ この 犬は 昼も 夜も まって いました。④ 夕べ、ま夜中に 大きな サイレンが 聞こえました。
① Les nuits estivales sont chaudes. ② Je rentrerai chez moi dans la nuit de dimanche. ③ Ce chien attendait jour et nuit. ④ Hier soir, à minuit, j'ai entendu une forte sirène.

D

書	校	昼	夜	朝
買	体	肉	犬	読
好	聞	男	見	学
字	右	駅	休	間

110 晩 – 111 週

A ① こんばん、かぞくと いっしょに えいがに いきます。② まいばん、ニュースを みます。③ まいしゅう、プールで およぎます。④ せんしゅう、あねと バーゲンへ いきました。
① Ce soir, je vais au cinéma avec ma famille.
② Tous les soirs, je regarde les informations.
③ Toutes les semaines, je nage à la piscine.
④ La semaine dernière, je suis allée faire les soldes avec ma sœur aînée.

B 晩 ; 今晩 ; 毎晩 ; 週間 ; 今週 ; 先週
Soir ; ce soir ; tous les soirs ; semaine (durée) ; cette semaine ; la semaine dernière

C ① 来週の 火曜日、八月一日です。母の たん生日です。② 週まつは、ともだちの 家に とまります。③ 二週間 りょ行 しました。④ 晩ご飯を 家ぞくと 食べます。
① Mardi prochain, c'est le 1er août. C'est l'anniversaire de ma mère. ② En fin de semaine, je dors chez un ami. ③ J'ai voyagé pendant deux semaines. ④ Je dîne avec ma famille.

D 先週 la semaine dernière ; 今週 cette semaine ; 来週 la semaine prochaine ; 毎週 toutes les semaines

112 春 – 113 夏

A ① きょねんの はるの てんきは よくなかったです。② はると なつは いちばん すきな きせつです。③ ことしは なつやすみが ながいです。④ はるおさんは はるやすみに スキーを しました。

① Le temps du printemps de l'année dernière fut mauvais. ② Le printemps et l'été sont mes saisons préférées. ③ Cette année les vacances d'été sont longues. ④ Haruo a fait du ski pendant les vacances de printemps.

B 春 ; 春休み ; 春子 ; 夏 ; 夏休み ; ま夏

Printemps ; vacances de printemps ; Haruko (prénom) ; été ; vacances d'été ; en plein été

C ① もう 春に なりました。② 今年 ながい 夏休みを すごしました。③ 春の おわりから 夏の はじめまで 雨が おおく ふります。

① C'est déjà le printemps. ② Cette année, j'ai passé de longues vacances d'été. ③ De la fin du printemps jusqu'au début de l'été, la pluie est tombée abondamment.

D L'élément commun est 儿, il permet de fabriquer les *kanji* suivants : 売 ; 読 ; 見 ; 元 ; 晩 ; 先

114 秋 – 115 冬

A ① にほんの あきは きもちが いい てんきです。② あきたけんは おおきい いぬです。③ あきたけんは ふゆ、おおゆきが ふります。④ ふゆやすみは かぞくと スキーへ いきました。

① Au Japon, le temps en automne est agréable. ② Le chien d'Akita est un gros chien. ③ Il y a de fortes chutes de neige dans le département d'Akita. ④ Pendant les vacances d'hiver, je suis allée au ski avec ma famille.

B 秋 ; 冬休み ; 秋冬 ; 冬 ; 春夏秋冬 ; 秋子

Automne ; vacances d'hiver ; automne et hiver ; hiver ; printemps été automne hiver ; Akiko (prénom)

C ① 秋山 秋男さんは 春夏秋冬 半そでを きて 半ズボンを はいて います。② 冬休みに スキーを します。③ 秋は 月見を します。

① Monsieur Akiyama Akio s'habille en manches courtes et en bermuda toute l'année. ② Je fais du ski pendant les vacances d'hiver. ③ En automne, je contemple la lune.

D

口	一	前	二	金	目	来	百	中
百	五	学	春	貝	一	九	三	立
冬	何	二	百	月	山	一	秋	金
金	先	一	半	八	食	三	六	見
日	後	三	貝	行	金	四	一	人
車	入	四	一	女	円	気	門	食
二	雨	五	大	一	貝	食	出	好
昼	三	年	物	四	十	火	貝	一
一	四	男	今	食	百	夜	七	万

116 東 – 117 西

A ① とうきょうの ひがしからも にしからも ふじさんが みえます。② この みちを にしの ほうへ いきます。③ たいせいようは アメリカの ひがしに あります。

① On peut voir le Mont Fuji, aussi bien de l'est que de l'ouest de Tôkyô ② Je prends cette route vers l'ouest. ③ L'Océan Atlantique est situé à l'est de l'Amérique.

B 東 ; 東きょう ; 東口 ; 西 ; 西よう人 ; 大西よう

Est ; Tôkyô (Capitale de l'est) ; sortie est ; ouest ; occidental ; Océan Atlantique

C ① 今日は 東から とても さむい かぜが ふきますから、雪に なるでしょう。② かぜは 東ですから、晩までに 雨に なるでしょう。③ あの 人は 西よう人の ともだちです。④ 出口は 西口です。東口は 入るだけです。

① Comme un vent froid souffle de l'est aujourd'hui, il va probablement neiger. ② Comme le vent vient de l'est, il va probablement pleuvoir d'ici ce soir. ③ C'est un ami occidental. ④ La sortie est à l'ouest. La porte à l'est ne sert qu'à entrer.

D 一 → 十 ; 二 → 元 ; 三 → 春 ; 四 → 西 ; 五 → 語 ; 六 → 校 ; 八 → 分 ; 十 → 古. Il manque les chiffres 七 et 九

118 南 – 119 北

A ① えきの みなみぐちから でると、こうえんが あります。② きたやまさんは らいしゅう とうほくへ いきます。③ おきなわは にほんの みなみの しまです。④ きたぐには はるが おそいです。

① Quand on sort par la sortie sud de la gare, il y a un parc. ② Madame Kitayama va dans la région du Tôhoku la semaine prochaine. ③ Okinawa est une île au sud du Japon. ④ Le printemps est tardif dans les provinces du Nord.

B 南 ; 南口 ; 北 ; 北かい道 ; 東北 ; 東西南北

Sud ; sortie sud ; nord ; Hokkaidô ; Tôhoku ; les quatre points cardinaux

C ① 日本の まちの ちずは 上が 北では ありません。② 私の ペンフレンドは 南口春子さんと いう 人です。③ 東北しんかんせんに のって、上野駅から もりおか駅まで 行きました。④ 南北朝時だいには 日本は 二つに わかれました。⑤ 北海道は 冬が ながいです。⑥ 新じゅく駅の 西口は にぎやかです。

① Le haut des plans dans les villes japonaises ne correspond pas au nord. ② Ma correspondante s'appelle Madame Minamiguchi Haruko. ③ J'ai pris le shinkansen de la ligne Tôhoku et je suis allée de la gare d'Ueno à la gare de Morioka. ④ À l'époque Nanbokuchô [des Cours du Sud et du Nord], le Japon a été divisé en deux. ⑤ L'hiver est long à Hokkaidô. ⑥ La sortie ouest de la gare de Shinjuku est animée.

120 川 – 121 海

A ① この かわには さかなは いません。② みずが きれいな かわです。③ なつは ぜひ うみで およぎたいです。④ にほんかいの くうきは おいしいですね。

① Il n'y a pas de poissons dans cette rivière. ② C'est une rivière à l'eau pure. ③ L'été, je tiens absolument à nager dans la mer. ④ L'air de la mer du Japon est très bon.

B 川 ; セーヌ川 ; 海 ; 日本海 ; 北海道 ; 海外

Rivière ; la Seine ; mer ; mer du Japon ; Hokkaidô ; étranger

C ① 天気の いい 日には 日本海へ 行きます。② 川の むこうに たて物が あります。③ 大川さんは セーヌ川

について の 本を 書きました。④ 山も 海も 見えて きれいです。
① Quand il fait beau, je vais à la mer du Japon. ② Il y a des immeubles de l'autre côté de la rivière. ③ Madame Ookawa a écrit un livre au sujet de la Seine. ④ On peut voir à la fois la mer et la montagne, c'est ravissant.

D 毎 ; 海 ; 週 ; 道 ; 早 ; 朝 ; 時

122 国 – 123 京

A ① がいこくへ いく とき、パスポートが ひつようです。② いろいろな くにの ひとと ともだちに なりたいです。③ なんじに とうきょうえきに つきますか。④ むかし、にほんの しゅとは きょうとでした。
① Lorsque l'on va à l'étranger, on a besoin d'un passeport. ② Je veux être amie avec des personnes de divers pays. ③ À quelle heure arrivera-t-on à la gare de Tôkyô ? ④ Autrefois, la capitale du Japon était Kyôto.

B 国 ; 外国人 ; 外国語 ; 中国 ; 東京 ; 京都
Pays ; personne étrangère ; langue étrangère ; Chine ; Tôkyô ; Kyôto

C ① 来年は、海外へ 行かなくて、国内を りょ行 します。② 東海道は 東京の 日本ばしから 京都まで 行きます。③ 私の ペンフレンドの な前は 国立京子さんです。④ 今年の 夏、中国を りょ行 します。
① L'année prochaine, je n'irai pas à l'étranger, je voyagerai dans nos frontières. ② La route du Tôkaidô va du pont de Nihonbashi à Tôkyô jusqu'à Kyôto. ③ Le nom de ma correspondante est Madame Kunitachi Kyôko. ④ Cet été, je voyagerai en Chine.

D 海外 → 外国 ; 中学 → 学生 ; 大学 → 学校 ; 東京 → 京都 ; 右手 → 手足 ; 電気 → 気分 ; 中国 → 国語 ; 先週 → 週間 ; 作文 → 文学 ; 何時 → 時間

124 名 – 125 字

A ① ここに なまえを かいて ください。② わたしの みょうじは かわだです。③ かんじは ちゅうごくで うまれた じです。④ わからない じは かんじじしょで しらべます。
① Écrivez votre nom ici. ② Mon nom de famille est Kawada. ③ Les kanji sont des caractères formés en Chine. ④ Je vérifie les caractères que je ne comprends pas dans un dictionnaire de *kanji*.

B 名 ; 名前 ; ゆう名 ; 字 ; かん字 ; 名字
Nom ; nom (prénom) ; célèbre ; lettre, caractère ; kanji (caractère chinois) ; nom de famille

C ① うちの 犬に シロと いう 名前を つけました。② 川口さんは 字が 上手です。③ かん字の 書きかたは むずかしいですが、たのしいです。④ かれの 本とうの 名前は 山下ともひさです。山Pは かれの ゆう名人の ニックネームです。Pは ローマ字で 書きます。⑤ 先生、こくばんの 字が 見えません。
① Nous avons appelé notre chien « Shiro ». ② Monsieur Kawaguchi écrit très bien les caractères. ③ Le tracé des *kanji* est difficile, mais c'est amusant. ④ Son vrai nom est Yamashita Tomohisa. Yamapi est son surnom d'artiste. P s'écrit en caractère latin. ⑤ Maître, je ne vois pas ce qui est écrit au tableau.

D Toilettes (eau derrière la porte) ; ascenseur (monter et descendre dans un cadre) ; un quart (la moitié de la moitié) ; l'averse soudaine ; l'économie d'électricité (il faut enlever le + au centre du *kanji*)

126 文 – 127 方

A ① このかんじのよみかたはなんですか。② さくぶんをかきます。③ ひがしのほうへずっとあるいてください。④ このかたはどなたですか。

① Quelle est la lecture de ce *kanji* ? ② J'écris une rédaction. ③ Marchez toujours vers l'est. ④ Qui est cette personne ?

B 文 ; 文しょう ; 文か ; 方 ; 方 ; 夕方

Texte, phrase ; texte ; culture ; personne (honorifique) ; direction ; soir

C ① 夕方は電車がこみます。② ち方によって気こうがかわります。③ 国語のじゅぎょうで日本の文学を学びます。

① Le soir, il y a de l'affluence dans les trains. ② Selon les régions, le climat change. ③ En cours de japonais (langue maternelle), nous apprenons la littérature japonaise.

D 秋/私 ; 聞/間 ; 読/話/語 ; 飲/飯 ; 作/何/休/体 ; 週/道 ; 文/方/京/夜 ; 後/行 ; 時/曜/晩 ; 雪/電

128 白 – 129 黒

A ① ふじさんのうえにまっしろいゆきがみえます。② うみをおよぐはくちょうをみました。③ くろきさんはしろのズボンをはいています。④ はくじんとこくじんのともだちがいますよ。

① On voit la neige toute blanche sur le Mont Fuji. ② J'ai vu un cygne nager dans la mer. ③ Madame Kuroki porte un pantalon blanc. ④ J'ai des amis blancs et des amis noirs.

B 白 ; 白人 ; まっ白 ; 黒 ; 黒ばん ; 黒人

Blanc ; personne blanche ; tout blanc ; noir ; tableau (noir) ; personne noire

C ① 黒田さんの手がまっ黒になりました。② このしゃしんは白黒でしたが、今はまっ白になりました。③ 前は白木さんはかみのけが黒かったですが、今はもう白くなりました。④ 名前を黒いインクで書きます。⑤ 黒ばんの字をけしてもいいですか。

① Monsieur Kuroda a les mains toutes noires. ② C'était une photographie noir et blanc, mais elle est toute pâle maintenant. ③ Autrefois Madame Shiroki avait les cheveux noirs, ils sont tout blancs maintenant. ④ J'écris mon nom à l'encre noire. ⑤ Puis-je effacer le tableau ?

D (8) (8) (3)

130 青 – 131 赤

A ① しんごうがあおになりました。② きょうはあおぞらです。③ せいねんはあかいセーターをきていました。④ にほんのはたはあかとしろです。

① Le feu est passé au vert (bleu). ② Aujourd'hui le ciel est bleu. ③ Le jeune homme portait un pull rouge. ④ Le drapeau du Japon est rouge et blanc.

B 青 ; 青しんごう ; 青春 ; 赤 ; 赤しんごう ; 赤ちゃん

Bleu/vert ; feu vert ; jeunesse/adolescence ; rouge ; feu rouge ; bébé

C ① 女の 子は まっ赤に なって、男の 子は まっ青に なりました。② 子どもは 赤とんぼが 好きです。③ 赤しんごうで とまって ください。④ この チューインガムは 青りんごあじです。⑤ 赤んぼうの わらいが 聞こえます。
① La petite fille est devenue toute rouge, et le garçon tout pâle. ② Les enfants aiment les libellules rouges. ③ Arrêtez-vous au feu rouge SVP. ④ Ce chewing-gum est à la pomme verte. ⑤ J'entends les rires d'un bébé.

D 青 ; 白 ; 黒 ; 赤

132 高 – 133 安

A ① ちちは たかい くるまを かいました。② あには こうこうさんねいせいです。③ この あたらしい ホテルは やすいです。④ いまは パソコンは やすく なりました。
① Mon père a acheté une voiture chère. ② Mon grand frère est en terminale (3ème année de lycée). ③ Cet hôtel récent est bon marché. ④ Les ordinateurs sont maintenant devenus peu onéreux.

B 高い ; 高校 ; 高校生 ; 安い ; 安しん ; 安ぜん
Cher, élevé ; lycée ; lycéen(ne) ; bon marché ; rassuré ; sûr, en sécurité

C ① 高田高子さんは 安てい した しごとが ほしいと 言いました。② 高山安子さんは 日本は ち安が 高いと 言いました。③ くだ物は 高く なりました。④ 安くて 小さい レストランです。⑤ 後ろに 安田さんを 見て、安しん しました。
① Madame Takada Takako a dit qu'elle voulait un travail stable. ② Madame Takayama Yasuko dit que le Japon est un pays sûr. ③ Le prix des fruits a augmenté. ④ C'est un petit restaurant bon marché. ⑤ Quand j'ai vu monsieur Yasuda derrière [nous], j'ai été rassurée.

D 午 ; 朝 ; 私

134 多 – 135 少

A ① この カレーライスは りょうが おおいです。② イヌイットごを ならう ひとは すくないです。③ たぶん、あした あめが ふるでしょう。④ しょうねんまんがと しょうじょまんがを よみます。
① Il y a une grande quantité de ce riz au curry. ② Il y a peu de gens qui apprennent la langue inuit. ③ Il va probablement pleuvoir demain. ④ Je lis des mangas pour garçons et pour filles.

B 多い ; 多分 ; 少ない ; 少し ; 少年 ; 少女
Nombreux ; probablement ; peu nombreux ; un peu ; petit garçon ; petite fille

C ① 少々 おまち ください。② この クラスは 学生が 多いです。③ リサイクルで ごみが 少なく なりました。④ 少年は あたらしい やきゅうぼうを 買いました。⑤ 少し つかれたから、休みましょう。
① Veuillez attendre un peu SVP. ② Les étudiants sont nombreux dans cette classe. ③ Les déchets ont diminué grâce au recyclage. ④ Le jeune garçon a acheté une nouvelle casquette de base-ball. ⑤ Comme nous sommes un peu fatigués, reposons-nous.

D ① もう 少し まって ください。② 今日は 学生が 少ないです。③ 多くの 学生が かぜを ひきました。④ お

すしを 食べた ことが ありますか。⑤ この 話は おもしろいです。⑥ ともだちに 話します。

① Attendez encore un peu SVP. ② Il y a peu d'étudiants aujourd'hui. ③ De nombreux étudiants se sont enrhumés. ④ Avez-vous déjà mangé des sushis ? ⑤ Cette histoire est intéressante. ⑥ Je parle à un ami.

136 新 -137 古

A ① あかにしさんは あたらしい くるまを かいました。② ふるい とけいを なくしました。ですから、あたらしい とけいを かいました。③ あおきさんは まいあさ しんぶんを よみます。

① Monsieur Akanishi a acheté une voiture neuve. ② J'ai perdu ma vieille montre. C'est pourquoi j'en ai achetée une nouvelle. ③ Madame Aoki lit le journal chaque matin.

B 新しい ; 新聞 ; 新年 ; 古い ; 中古 ; 古本

Neuf, nouveau, récent ; journal ; nouvelle année ; vieux, ancien ; d'occasion ; vieux livre, bouquin

C ① 古田さんは 私の 古い ともだちです。② 古い 新聞を すてました。③ 東京には 新しい たて物が 多いです。④ この 家は 古くも 新しくも ないです。⑤ 中古の 車を 安く 買いました。⑥ 古本やは 古本を 安く 売ります。

① Monsieur Furuta est un ami de longue date (vieil ami). ② J'ai jeté les vieux journaux. ③ À Tôkyô, il y a beaucoup d'immeubles récents. ④ Cette maison n'est ni vieille ni récente. ⑤ J'ai acheté une voiture d'occasion pour un prix avantageux. ⑥ Le bouquiniste vend de vieux ouvrages à petit prix.

D 東

口	好	高	行	春	目	木	四	子
円	新	古	赤	駅	食	足	電	金
火	下	家	夏	飲	中	昼	千	先
曜	女	来	学	読	肉	馬	立	飲
入	青	生	西	手	分	文	聞	出
外	牛	馬	南	安	多	海	気	耳
雨	午	後	語	父	小	少	生	母
年	今	車	魚	晩	毎	間	書	売
週	中	十	水	土	万	国	黒	冬
秋	山	本	犬	人	大	話	東	言
三	天	時	見	雪	体	上	北	元
早	字	九	休	川	飯	半	生	京

52 cases sur 108 sont à éliminer afin que le caractère apparaisse en filigrane :

(カ) 火 下 家 夏 ; (キュウ) 九 休 ; (ケン) 犬 見 ; (ゲン) 言 元 ; (コウ) 口 好 高 行 ; (コク) 国 黒 (ゴ) 午 後 語 ; (サン) 三 山 ; (シ) 四 子 ; (シュウ) 週 秋 ; (ショウ) 小 少 生 ; (ジ) 時 字 ; (ジュウ) 十 中 ; (ジョウ) 生 上 ; (セイ) 青 生 西 ; (セン) 千 先 ; (タイ) 大 体 ; (チュウ) 中 昼 ; (トウ) 冬 東 ; (ハン) 飯 半 ; (フン) 分 文 聞 ; (モク) 目 木

138 長 – 139 短

A ① わたしの こうこうの こうちょうは きびしく ないです。② えきちょうは あおいせいふくを きて います。③ しょうらい、しゃちょうに なりたいです。④ みじかかったですが、たのしかったです。

① Le proviseur de mon lycée n'est pas sévère. ② Le chef de gare porte un uniforme bleu. ③ Plus tard, je veux devenir chef d'entreprise. ④ C'était court, mais je me suis bien amusée.

B 長い ; 校長 ; 長男 ; 駅長 ; 短い ; 短気

Long ; proviseur ; fils aîné ; chef de gare ; court ; impatience

C ① 父は 気が 短くて、バスを まつ ことが きらいです。② 長のけんは 雪が よく ふります。③ 長さきは 日

本の 西に あります。④ 短い 間でしたが、いい けいけんでした。⑤ 中川さんは 長女です。
① Mon père n'a pas de patience, et il déteste attendre le bus. ② Il neige souvent dans le département de Nagano. ③ Nagasaki se trouve à l'ouest du Japon. ④ C'était une bonne expérience, même si cela a duré peu de temps. ⑤ Madame Nakagawa est la fille aînée.

D 校 : 学校 ; 高校 ; 校長 ; 校門

140 明 – 141 暗

A ① この へやは とても あかるいです。② あした なにを しますか。③ せんせいの せつめいが わかりません。④ くらい ところは こわく ないです。
① Cette pièce est très claire. ② Que faites-vous demain ? ③ Je ne comprends pas l'explication du professeur. ④ Les endroits sombres ne me font pas peur.

B 明るい ; 明けまして ; 明日 ; せつ明 ; 暗い ; 暗きする
Claire, joyeux ; bonne année (amical) ; demain ; explication ; sombre ; apprendre (retenir) par cœur

C ① 新年 明けまして おめでとう ございます。② 毎日 新しい 字の 読み方を 五つ 暗き します。③ 暗いですから、電気を つけましょう。④ 南の 人は 明るいです。
① Mes meilleurs vœux pour la nouvelle année. ② Chaque jour, j'apprends par cœur les lectures de cinq nouveaux caractères. ③ Comme il fait sombre, allumons la lumière. ④ Les gens du Sud sont joyeux.

D

海	外	道	古	物
少	春	多	語	秋
八	暗	名	電	新
字	明	話	元	赤

142 竹 – 143 米

A ① この はしは たけで できて います。② きょうとの ちかくの たけばやしは ゆうめいです。③ おこめを たいて、ごはんを つくります。④ べいこくの だいとうりょうが らいにち しました。
① Ces baguettes sont faites en bambou. ② Les forêts de bambous près de Kyôto sont célèbres. ③ Je cuis le riz (cru) et je prépare le repas. ④ Le président américain est venu au Japon.

B 竹 ; 竹ばやし ; 米 ; 米国 ; 竹田 ; 竹中
Bambou ; forêt de bambous ; riz (cru) ; Etats-Unis ; Takeda (nom de famille) ; Takenaka (nom de famille)

C ① 日本しゅは 米から 作ります。② 竹山さんは 竹の 長い いすに すわりました。③ お米を といでから、水を 入れて、火に かけます。④ 竹内さんは 毎日 新聞を 買います。
① On fabrique le *sake* japonais à partir du riz. ② Monsieur Takeyama s'est assis sur une longue chaise en bambou. ③ Après avoir lavé (poli) le riz, on verse de l'eau et on le met sur le feu. ④ Madame Takeuchi achète le journal tous les jours.

D 多分 ; 新聞 ; 作文

144 花 – 145 茶

A ① はなやで きれいな はなを かいました。そして、いえで かびんに いれました。② きっさてんで にほんちゃを のみました。③ こうちゃと りょくちゃと どちらが いいですか。

① J'ai acheté de superbes fleurs chez le fleuriste. Puis je les ai mises dans un vase chez moi. ② J'ai bu un thé vert dans un salon de thé. ③ Que voulez-vous, un thé brun ou un thé vert ?

B 花 ; 花火 ; 花見 ; 花びん ; 茶 ; 茶道

Fleur ; feu d'artifice ; contemplation des fleurs de cerisiers ; vase ; thé ; cérémonie du thé

C ① 私は きのう 川の ほとりの 小さな こうえんで お花見を しました。② 学校には 茶道の クラブが あります。③ 安い お茶は 好きで はありません。④ 花田花子さんは 花やさんです。⑤ 花火は いつも きれいです。

① Hier, je suis allée admirer les fleurs de cerisiers dans un petit jardin public situé aux bords de la rivière. ② Il y a un club pour la cérémonie du thé dans mon école. ③ Je n'aime pas le thé bon marché. ④ Madame Hanada Hanako est fleuriste. ⑤ Les feux d'artifices sont toujours magnifiques.

–

D

花	少	子	好	先	安	私
文	国	冬	西	目	飯	犬
昼	茶	鳥	大	言	字	中
元	半	秋	聞	見	青	後
木	上	午	体	下	小	明
週	九	千	名	時	出	生
東	暗	長	左	休	高	黒

(アン) 安 暗 ; (カ) 花 下 ; (キュウ) 九 休 ; (ケン) 犬 見 ; (ゲン) 元 言 ; (ゴ) 後 午 ; (コウ) 好 高 ; (コク) 国 黒 ; (サ) 茶 左 ; (ジ) 字 時 ; (シ) 私 子 ; (シュウ) 秋 週 ; (ショウ) 少 小 ; (ジョウ) 上 生 ; (セイ) 西 青 ; (セン) 先 千 ; (タイ) 大 体 ; (チュウ) 昼 中 ; (チョウ) 鳥 長 ; (トウ) 冬 東 ; (ハン) 飯 半 ; (ブン) 文 聞 ; (メイ) 明 名 ; (モク) 目 木 ; il reste un caractère solitaire : (シュツ) 出

Noms propres

Quelques noms de famille :

あおき　青木　136-137
あかにし　赤西　136-137
あきやま　秋山　114-115
いとぐち　糸口　088-089
いとやま　糸山　102-103
うえだ　上田　039-040
うしだ　牛田　100-101
うしやま　牛山　100-101
うまみち　馬道　104-105
おおかね　大金　041-042
おおかわ　大川　120-121
おおぐち　大口　037-038
おおた　大田　053-054
おおやま　大山　064-065
おぐち　小口　045-046
おだ　小田　037-038
かねこ　金子　056-057
かねだ　金田　007-008
かねやま　金山　049-050
かわぐち　川口　124-125
かわだ　川田　124-125
きたやま　北山　118-119
きだ　木田　045-046
くろき　黒木　128-129
くろだ　黒田　128-129
こやま　小山　072-073
しろき　白木　128-129
すずき　すず木　005-006
たかだ　高田　132-133
たかやま　高山　132-133
たけうち　竹内　142-143
たけだ　竹田　142-143
たけやま　竹山　142-143
たちかわ　立川　088-089
たつた　立田　084-085
たてやま　立山　084-085
たなか　田中　031-032
たやま　田山　056-057
つきやま　月山　033-034
つちだ　土田　033-034
なかがわ　中川　138-139
なかた　中田　031-032
なかやま　中山　041-042
なつめ　夏目　029-030
はなだ　花田　144-145
ひたち　日立　086-087
ふるた　古田　136-137
ほんだ　本田　031-032
まえだ　前田　092-093
みずき　水木　007-008
みずぐち　水口　003-004
みずた　水田　003-004
みた　三田　102-103
みなみぐち　南口　118-119
やすだ　安田　132-133
やまぐち　山口　074-075
やました　山下　124-125
やまだ　山田　031-032
やまなか　山中　041-042
やまもと　山本　031-032

Quelques prénoms :

あきお　秋男　114-115
あきこ　秋子　114-115
たかこ　高子　132-133
ときお　時男　056-057
はなこ　花子　144-146
はるお　春男　112-113
はるこ　春子　118-119
やすこ　安子　132-133
ゆきお　雪男　066-067
ゆきこ　雪子　056-057

CPi
AUBIN IMPRIMEUR

Achevé d'imprimer en octobre 2013
N° d'impression 1309.0291
Dépôt légal, octobre 2013
Imprimé en France